नेपालको महाभूकम्प

१९९०

ब्रह्मशमशेर

nepa~laya

प्रकाशक : पब्लिकेसन नेपा~लय,
कालिकास्थान, काठमाडौँ
फोन : ०१-४४३९७८६
इमेल : publication@nepalaya.com.np
www.nepalaya.com.np

सहयोगी प्रेससँग भएको समझदारीअन्तर्गत रही
पब्लिकेसन नेपा~लयद्वारा प्रकाशित

© present packaging publication nepa~laya

संस्करण : चौथो, सन् २०१५
POD, सन् २०१८

आवरण कला (धरहरा) : बालकृष्ण सम
आवरण : INCS
Digital Partner: Awecode

ISBN : 978- 9937-8924-8-3

प्रकाशकीय

२०७२ साल वैशाख १२ गते शनिबार मध्याह्न ठूलो भूकम्प गएपछि धेरैको ध्यान १९९० सालतिर फर्क्यो। पछिल्लो लगभग उत्रै भूकम्पसँग आफ्नो अनुभव दाँज्ने लालसा भयो। किंवदन्ती बनिसकेको त्यो महाभूकम्पबारे जनमानसमा एकाएक जिज्ञासा बढ्यो। जान्नेबुझ्नेहरूले ब्रह्मशमशेरद्वारा लेखिएको यो पुस्तक खोज्न थाले।

तत्कालीन राणा सरकारका एक उच्च अधिकारीको यो वृत्तान्त तत्कालका वर्षमा दुईपल्ट छापिए पनि अन्तिमपल्ट धेरै वर्षपछि २०४१ सालमा मात्र पुन: प्रकाशन भएको थियो। त्यसपछि लेखकको देहान्त भयो। प्रकाशक त्रिपुरेश्वरस्थित सहयोगी प्रेस पनि कम सक्रिय हुँदै गयो। बजारबाट निखिँदै गएपछि यति महत्त्वपूर्ण दस्तावेज पनि ओझेल पर्‍यो।

विगतका ठूला भूकम्पहरूबारे न्यून अभिलेख रहँदा नेपाली जनमानस त्यसै पनि सार्वजनिक स्मरण, साहित्य, इतिहासबाट वञ्चित रहँदै आएको थियो। जम्मा ८२ वर्षअघिको महाभूकम्पको सजीव चित्रण भएको यो गाथा उपलब्ध नहुँदा वर्तमान सचेत पुस्तासमेत इतिहासप्रति व्याकुल हुन पुग्यो।

आम पाठकको त्यही रूचि ख्याल गर्दै हामीले यसलाई नेपा~लय क्लासिक्सका रूपमा प्रकाशन गर्न लेखक स्वयम्ले आखिरी जिम्मा दिएको सहयोगी प्रेससँग व्यावसायिक समझदारी गर्‍यौं। आफ्नो कृति भविष्यका पाठकले पढून् र इतिहासको शिक्षा ग्रहण गरून् भन्ने दिवंगत लेखकको सदाशय यसले कदर गर्ने हामीले विश्वास लिएका छौं।

दुई ठूला निकट भूकम्प दाँज्ने र भूगर्भप्रति सचेत रही राज्य, समाज

र नागरिकले आफ्ना संरचना, सोच र जीवनशैलीप्रति थप सावधानी अपनाउनेबारे यस पुस्तकले अवश्य घचघच्याउनेछ। साथै इतिहासप्रति आम पाठकमा रहेको उत्सुकता केही हदसम्म भए पनि मेट्न यसले योगदान गर्नेछ।

पूर्वप्रकाशित भूमिकामा लेखकद्धारा सराहना गरिएका तथा कालान्तरमा बालकृष्ण समका नामले परिचित चित्रकार-साहित्यकारको धरहरा चित्रलाई यसको आवरणमा सजाएका छौं। त्यसैगरी त्यस महाभूकम्पको चार वर्षपछि प्रधानमन्त्री जुद्धशमशेर जबराले देशबासीका नाममा गरेको सम्बोधनसमेत इतिहास बुझ्न सहयोगी हुने ठानी यसमा सामेल गरेका छौं।

इतिहास मेटिँदैन, बरू भविष्यलाई बाटो देखाउन ऐना बनेर सार्वजनिक सम्झनामा बसिरहनेछ। इतिहास मनन गरौं र भविष्य निर्धारण गर्न सचेष्ट बनौं।

धन्यवाद।

पब्लिकेसन नेपा~लय

कालिकास्थान, काठमाडौं।

इतिहासको अभिभारा

२०४० सालको एक दिन टेकुस्थित सहयोगी प्रेसको कार्यालयमा अचानक एक अपरिचित वृद्ध आइपुगे। उज्यालो अनुहारमा थोरै जुँगा थिए। सायद मयलपोस सुरुवाल लगाएका थिए। एक हातमा लट्ठी थियो भने अर्को हात उनका सहयोगीले थामेका थिए।

उनले आफ्नो साथमा ल्याएको पुरानो ग्रन्थ मेरो टेबलमाथि राखे। 'धेरै पहिले मैले लेखेको यो किताब अहिले बजारमा पाइएन भनेर थुप्रै फोन आइरहेको छ,' उनले भने, 'यसलाई पुनः प्रकाशन गरिदिनुभए हुन्थ्यो।'

यसरी अचानक मेरो कार्यालयमा आउने सज्जन ब्रह्मशमशेर हुनुहुँदोरहेछ। त्यो पुस्तक म प्रकाशनको क्षेत्रमा लागेदेखि धेरैपटक चर्चा गरेको, सुनेको 'नेपालको महाभूकम्प १९९० साल' रहेछ। म चकित भएँ। मैले नचिताएको परिस्थिति थियो त्यो।

आफूले आधा शताब्दीअघि लेखेको कालजयी पुस्तक पढ्न नपाउनेहरूले पक्कै दबाब दिएपछि उहाँ मकहाँ आउनुभएको थियो। मैले उहाँको प्रस्ताव तत्काल स्वीकार गरेँ।

हामीबीच आधा घन्टाजति कुराकानी भयो। उहाँको प्रस्तुति असाध्यै विनम्र थियो। 'कमान्डिङ' होइन, 'रिक्वेस्टिङ'।

त्यो बेला साझा प्रकाशनमा पुस्तक छपाउन पालो पर्खनुपर्थ्यो। निजी क्षेत्रबाट अग्रणी प्रकाशनको भूमिकामा हामी भएकाले उहाँ हाम्रो कार्यालय आउनुभएको बुझ्न मलाई गाह्रो भएन।

'यो पुस्तक बजारमा सबैले सहजै पाउने गरी उपलब्ध गराइदिनुस्, मलाई केही चाहिँदैन,' उहाँले भन्नुभयो। यत्ति भनेर उहाँ निस्कनुभयो।

त्यसपछि उहाँले न कहिल्यै यसबारे जिज्ञासा राख्नुभयो, न कुनै सम्पर्क नै गर्नुभयो ।

हामीले त्यसलाई कम्पोज नगराई सोझै क्यामराबाट फोटो खिचेर 'रिप्रोडक्सन' गर्ने उपाय अपनायौं । अर्थात् दोस्रो संस्करणमा जे थियो जस्तो थियो, त्यसैको कपी उतार्‍यौं । यसरी तेस्रो संस्करणका रूपमा यो पुस्तक सहयोगी प्रेसबाट २०४१ सालमा प्रकाशित भएको हो ।

मुलुकले भोगेको कुनै पनि भयानक विपत्तिमा आधारित सम्भवतः आजसम्मकै महत्त्वपूर्ण पुस्तक हो यो ।

पेसाले मुद्रण उद्योगमा लागे पनि मैले जीवनको लामो समय नेपाल रेडक्रस सोसाइटीमार्फत मानवीय क्षेत्रमा बिताएको छु । यसको नेतृत्व तहमा रहेर मैले मुलुकले भोग्नुपरेका प्राकृतिक प्रकोपहरू नजिकैबाट नियालेको छु ।

भूकम्पकै प्रसङ्गमा २०२३ सालको सन्दर्भ जोड्न चाहन्छु । त्यतिबेला मेरै नेतृत्वमा दोस्रो टोली सुदूरपश्चिम गएको थियो । क्षतिको विवरण तयार पार्नु र तत्काल सहयोग उपलब्ध गराउनु टोलीको उद्देश्य थियो । हाम्रो टोलीमा भूगोलविद् हर्क गुरुङ पनि हुनुहुन्थ्यो । उहाँले त्यो भ्रमणको अनुभव आफ्नो पुस्तक 'भिन्यात्स अफ नेपाल' मा समेट्नुभएको थियो । भारतको पटनासम्म विमानमा र त्यसपछि थुप्रै दिन भारतीय भूमिकै यात्रा गरेर पिथौरागढ हुँदै बल्ल हाम्रो टोली बैतडी पुगेको थियो । आफ्नै मुलुकको भूभाग पुग्न छिमेकी मुलुक भएर जानुपर्ने त्यस बखतको सुदूरपश्चिममा भूकम्पको धेरै दिनसम्म सहयोग पुग्न सकेको थिएन ।

प्राकृतिक प्रकोपबारे बिस्तारमा वर्णन गर्ने दस्तावेज छापिनुपर्छ भन्ने मेरो आफ्नै पनि मान्यता थियो । त्यसो हुनुमा यही पुस्तकको प्रभाव थियो । तर, मुलुकमा घटेका अन्य प्रकोपबारे यो पुस्तकजत्तिको दस्तावेजीकरण हुन सकेको मलाई सम्झना छैन ।

यस पुस्तकको एउटा विशेषता मिहिन जानकारीहरू समेत अङ्कित हुनु हो । ज्यामीको दरदेखि कुन शीर्षकमा कति खर्च भयो भन्नेसम्मको

बेलिबिस्तार यसमा पाइन्छ । सञ्चार र यातायातको विकास नभएको त्यो समयमा सहयोगको बन्दोबस्त थालनीदेखि सहयोगीहरूको विवरणसम्म यसमा समेटिएका छन् । सायद तत्कालीन अवस्थामा लेखकको पहुँचकै कारण पनि यो पुस्तक यति विविधता समेट्न सफल भएको थियो ।

सहयोगी प्रेसलाई पुस्तक जिम्मा लगाएर गएपछि ब्रह्मशमशेरले फोन पनि गर्नुभएन । मैले एकैपटक उहाँ बित्नुभएको खबर पत्रिकामा पढेँ । उहाँ प्रेसमा आएको र निधनको दुःखद खबरबीच धेरै समय अन्तर थिएन । यो पुस्तक हामीले पुनर्मुद्रण गरेको उहाँलाई जानकारी पनि भयो कि भएन थाहा छैन । किनभने, उहाँ वा उहाँको तर्फबाट कोही पनि एक प्रति लिनसमेत आउनुभएन ।

८२ वर्षपछि यसैपाला अर्को ठूलो भूकम्प गएपश्चात हामीसँग धेरै जनाले यस पुस्तकबारे सोधखोज गरे । यहीबीच यसको पुनः प्रकाशन गर्ने प्रस्ताव पब्लिकेसन नेपालयले गरेपछि मैले यसका लेखकको चाहना विचार गरेँ । मेरो कार्यालयमा आउँदा उहाँको एउटै इच्छा यो पुस्तक पढ्न खोज्नेका निम्ति सहजै उपलब्ध होस् भन्ने थियो ।

महाविपत्ति सामना गर्न र त्यसैअनुसारको तयारीबारे भावी पुस्तालाई समेत शिक्षा हुने यो पुस्तकको प्रकाशनको निरन्तरता नै इतिहासको सम्मान र लेखकको भावनाको कदर हुने ठानेँ । त्यसैअनुसार मैले यसको अभिभारा पब्लिकेसन नेपालयलाई सुम्पिएँ ।

धन्यवाद ।

रमेशकुमार शर्मा
त्रिपुरेश्वर, काठमाडौं

दुर्लभ दस्तावेज

१९९० सालमा म तेह्र वर्षको थिएँ। दरबार हाइस्कुल पढ्थेँ। मीनपचासको बिदा थियो। गाउँमा मेरा पिताजीको डेरामा बस्थेँ। त्यो गाउँ भनेको अहिलेको महाराजगन्ज।

माघ २ गते दिउँसो गोठालाहरूसँग खेलिरहेको थिएँ। हेर्दाहेर्दै अगाडिका रूखहरू नाच्न थाले। म आफैँ पनि नाचिरहेको रहेछु। पेट मिचीमिची हाँस्न थालेँ। के गजब भयो भन्दै हामी केटाकेटीको हुल रमाइरहेको थियो।

एकैछिनमा एक जना आएर हप्काए, 'यो त ठूलो विपत् हो, यस्तोमा हाँस्ने हो मोराहरू ?'

'तिमीहरू बसेको घरतिर हेर त जम्मै भत्किसक्यो, चर्किसक्यो। ल सुरक्षित ठाउँमा आओ' भन्दै हामीलाई लिएर गए।

हेर्दै जाँदा त जताततै जे पनि भत्किसकेको पो देखियो। हाम्रो स्कुल पनि त के जोगिन्थ्यो र !

सम्झना ताजै छ हाम्रो आफ्नै स्कुल सारियो। त्रिचन्द्र कलेजको पुरानो भवनमा रहेको आर्ट सेक्सन र नयाँ भवनको साइन्स सेक्सनमा फराकिला कोरिडोर थिए। तिनै कोरिडोरका बीच-बीचमा कोरा कपडाको छेका राखेर कक्षा छुट्याइयो। 'क्लास एक्स', 'क्लास आई एक्स', 'क्लास आई भी' लेखियो। कक्षामा बढीमा ४५ विद्यार्थी हुन्थे।

धेरै दिनसम्म त्यसरी नै पढ्यौँ।

भुइँचालो भन्ने शब्दै जनजिब्रोमै थिएन। पाठ्यसामग्री त के कुनै

पनि लिखतमा भुइँचालोको उल्लेख थिएन। वंशावलीमा मात्र कताकति चर्चा हुने गरेको रहेछ।

नेवारी परम्परामा कुमार षष्टीको दिन सिटी नख: मनाइन्छ। इनार तथा पानीका अन्य मुहान सफा गर्ने चलन हो। पृथ्वी माताको पूजा गर्दै सफासुग्घर गर्ने। पर्यावरण स्वच्छ राख्ने। यही बेला जमिन काँप्छ भन्ने धारणा पाइन्थ्यो। त्यस्तो बेला महिलाहरू बूढी औंलाले पृथ्वीलाई थिचेर सान्त्वना पाउँछन् भन्नेसम्म हामीले सुनेका थियौं।

त्यति ठूलो कम्पन हुन्छ र ज्यान जोगाउनुपर्छ भन्ने त के थाहा? सबैले कहिल्यै नसुनेको भुइँचालो अनुभव गरे।

सञ्चारमाध्यम भनेको गोरखापत्र थियो जुन सातामा एक अङ्क छापिन्थ्यो।

भुइँचालोले गरेको नोक्सानीको विवरण राख्न 'भूकम्प पीडितोद्धारक अड्डा' कायम गरियो। त्यो अड्डा महाङ्काल मन्दिरको तीनतिरको टहरामा खोलिएको थियो। अड्डाबाटै स्वयम्सेवीहरू परिचालन गर्न थालियो।

'भूकम्पपीडित कोष' पनि खोलियो जसमा ५० लाख जति जम्मा भयो। कोषबाट जनतालाई निर्ब्याजी ऋण दिइयो। कसको कति नोक्सानी भएको हो उल्लेख हुनुपर्थ्यो। त्यसअनुसार रकम वितरण भयो।

दानदातव्यबाट सङ्कलित पैसा भएकाले ब्याज मात्र होइन लिएको ऋणै मिनाहा गरियो। तिर्न गएकाहरूलाई पनि फिर्ता पठाइयो।

भुइँचालो कसरी गयो? कति जनाको ज्यान गयो? कतिको अङ्गभङ्ग भयो? कहाँ के कति नोक्सान भयो? भन्नेबारे सरकारी तवरबाट अभिलेख राख्न थालियो।

भूकम्प नाप्ने यन्त्र नभएकाले कम्पनको स्तर तत्काल जानकारी हुन सक्थेन। केन्द्रविन्दु समेत नेपाल नभएर भारतको सीमावर्ती बिहारको

सीतामढी थियो भन्ने धेरै पछि थाहा भयो।

अभिलेख राख्नुको तात्पर्य अब उपरान्त फेरि यत्तिको क्षति नहोस् भनेर घर बनाउने यस्तो तरिका अपनाउनू, उपत्यकाभित्र पनि फलानो ठाउँमा बनाउनू, फलानो ठाउँमा नबनाउनू भनेर भावी पुस्तालाई सचेत बनाउनु थियो। हाम्रा मन्दिर आफ्नै प्रविधि, आफ्नै डिजाइनका हुने हुनाले त्यसको मार्गदर्शन होस् भन्ने उद्देश्य पनि थियो।

त्यत्रो विनाशको अभिलेख राख्न र जनतालाई सजग बनाउन त्यो बेलाका 'डाइरेक्टर जनरल अफ हेल्थ सर्भिसेज' (आजभोलिका हिसाबले स्वास्थ्यमन्त्री) ब्रह्मशमशेरले यो किताब तयार गरेका हुन्। यही किताब पढेर ९० सालको ठीक सय वर्षअघि पनि यहाँ ठूलो भूकम्प गएको रहेछ भन्ने चाल पायौं।

'नेपालको महाभूकम्प, १९९० साल' को पुनर्मुद्रण लामो अन्तरालमा अहिले हुनुको विशेष महत्त्व छ।

त्यस्तो युगमा आजका लागि समेत उपयोगी हुने गरी यो पुस्तक लेखिएको रहेछ भन्ने यसलाई पढ्दा थाहा पाइन्छ। तर, हामीले त्यो ख्याल गरेनौं। त्यही कारण ८२ वर्षपछि अर्को ठूलो भूकम्पबाट देशमा धेरै विनाश देख्नुपर्‍यो।

रानीपोखरीको डिलदेखि दक्षिणमा त्रिपुरेश्वरसम्म विशाल टुँडिखेल थियो। त्यसभित्र कमलका फूल ढाकिएका दुइटा सुन्दर पोखरी थिए। पर्यावरण र सौन्दर्यका दृष्टिले त्यसको जति वर्णन गरे पनि कम हुन्छ। पश्चिमतर्फ सुन्धारामा एउटा मुख्यसहित थुप्रै धारामा अविच्छिन्न पानी आउँथ्यो। सबैले पिउने पानीको आधार थियो त्यो। त्यत्रो भुइँचालो जाँदा पनि सुन्धाराले पानीको अभाव हुन दिएन। छेलोखेलो थियो।

काठमाडौंबासी र वरपरका समेतलाई टुँडिखेलले आश्रय दियो। खादीका कपडा राखेर आश्रयस्थल तयार पारिएको थियो। सबैले ओत

पाएका थिए ।

विद्युत प्राधिकरण, सभागृह, पर्यटन बोर्ड, भृकुटीमण्डप, विभिन्न क्याम्पस केही थिएनन् । पूरै हरियाली थियो यो क्षेत्र । पर्याप्त जमिन र हरियाली भएकाले जतिधेरै जनता टुँडिखेलमा अटाए पनि फोहोर देखिएन ।

भुइँचालो फेरि आउँछ भन्ने ज्ञान हुँदाहुँदै आम जनताको सहज आश्रय हुने तथा पर्यावरण तथा सौन्दर्यको नमुना टुँडिखेल मिच्न थालियो । सुन्धाराका धारा सुकाउने गरी वरिपरि अग्ला भवन संरचना बनाउन दिन थालियो । यो किताबले दिएको शिक्षा मननै गरिएन ।

यो किताब जसरी भावी पुस्ताले मनन गरून् भनेर लेखिएको थियो, त्यसैगरी अहिले फेरि छापिनु भनेको अर्को पुस्तालाई त्यस्तै शिक्षा दिनु हो । अब अहिलेको त बितिहाल्यो । भावी पुस्ताका निम्ति ९० सालबाट शिक्षा लिन यो उपयोगी हुनेछ ।

काठमाडौंको सहरीकरण भइसकेको थिएन । ९० सालमा बस्ती भनेकै अहिलेका असन, भोटाहिटी र इन्द्रचोक वरपरका जस्तै थिए । जताततै उस्तै दृश्य थियो । तर, त्यो भुइँचालोले सहरीकरण विकासतर्फ लाग्न घचघच्यायो । जुद्ध सडक त्यसैको देन हो । त्यसैलाई पछि नयाँ सडक भनियो । उतिबेला नेवारहरूले भन्ने न्ह्यु सडक वा अहिले नयाँ सडक, न्युरोड भनिने सडकको जन्म नै त्यो महाभूकम्पले गराएको हो ।

कम्तीमा टुँडिखेलदेखि जुद्धशमशेरको सालिक भएको स्थानसम्म आधुनिक सडक बन्यो । त्यही सालिकबाट अर्को लर्कन इन्द्रचोकतर्फ पनि उतिबेलै लगिएको हो, बजार जोड्ने गरी । अर्को लर्कन रणमुक्तेश्वरतिर आयो ।

सम्पदा संरक्षणका दृष्टिले समेत यो किताब शिक्षापूर्ण छ । उपत्यकाका मठमन्दिर कसरी भत्केका थिए भन्ने सजीव वर्णन यसमा छ । एउटा उदाहरण महाबौद्ध मन्दिरकै लिन सकिन्छ । पाटनको महाबौद्ध बौद्धमार्गीको

महत्त्वपूर्ण मन्दिर थियो । यसको निर्माण टेराकोटाबाट गरिएको थियो । इँटा बनाउन त हामीले जानेकै छौं । तर, त्यो टेराकोटाले बनेको मन्दिर उभ्याउन कस्तो सामग्री चाहिन्छ भन्ने यसमा पूरै वर्णन छ । माटो मात्रै सात प्रकारको प्रयोग हुन्छ । माटो कसरी सुकाउने, कसरी पोल्नेदेखि पकाउने तरिकासम्मै फरक छ ।

यो किताबमा लेखिएबमोजिम महाबौद्धलाई पछि जस्ताको त्यस्तै उभ्याइएको थियो । प्रविधिको यति मिहिन वृत्तान्तलाई समेत ध्यानमा राखेर ब्रह्मशमशेरले यसमा उतार्न भ्याएका थिए । धेरै जानकारी सङ्कलन गरेर सीपपूर्वक सम्पादन गरिएको पुस्तक भएकाले यो चिरायु रहनुपर्छ ।

यो किताब इतिहासको दस्तावेज मात्र होइन, भविष्यका निम्ति मार्गनिर्देशन पनि हो ।

शिक्षाप्रद, सङ्ग्रहणीय र भावी सन्ततिका निम्ति समेत उपयोगी यस्तो दुर्लभ अनि सबैले पढ्न खोजिरहेको पुस्तकको पुन: प्रकाशन स्वागतयोग्य छ । म यसनिम्ति पब्लिकेसन नेपालयलाई धन्यवाद दिन चाहन्छु ।

सत्यमोहन जोशी
ललितपुर

नेपालको महाभूकम्प

(१९९० साल)

लेखक—

श्री॰ प्रबल गोरखा दक्षिण बाहु मेजर जनरल

ब्रह्मशम्शेर जङ्गबहादुर राणा बी॰ ए॰

पूर्वसंस्करणहरूः

प्रथम संस्करण वि.सं. १९९१

द्वितीय संस्करण वि.सं. १९९२

जोरगणेश छापाखानामा छापियो

(मूल्य मो.रु. ।५० पैसा, हिन्दुस्थानलाई कं.रु. आठआना)

तृतीय संस्करण वि.सं. २०४१

प्रकाशक तथा मुद्रक सहयोगी प्रेस, त्रिपुरेश्वर

(मूल्य रु. २५।-)

भूमिका

नेपालको इतिहासमा धेरै वर्षपछिसम्म १९९० साल माघ २ गतेको दिन प्रख्यात भइरहनेछ। कति वर्षको लडाइँले हानि गर्न नसक्ने तीन मिनेटको भूकम्पबाट छिनभरमै हुन आयो।

तर, यस्तो भए पनि हामीले बेफाइदाबाट फाइदा उठाउन कोसिस गर्नुपर्छ। १९८० सालमा जापानमा पनि ठूलो भूकम्पको मार पऱ्यो परन्तु जापानीले त्यसबाट झन् फाइदा उठाए। यो कुरा प्रख्यातै छ। यदि जापानी त्यसबखतदेखि झन् बढ्ता उत्साही, मेहनती, आत्मभरोसा गर्ने र देशप्रेमी भई ननिक्लेको भए यस्तो गुण कताबाट प्राप्ति हुन्थ्यो! तसर्थ जापानी जातीको दृष्टान्त लिई यस बखतमा पनि सबै देश औ जातिको भलाइपट्टि लागे हाम्रो देश पनि के कम्ती होला र! हामी पनि एक स्वतन्त्र देशका जाति हौं, मनले नहारौं।

यो देशका विराजमान ओजस्वी राजन्य प्रज्वल नेपालतारा अतिप्रबल गोरखा दक्षिणबाहु पृथुलाधीश श्री ३ महाराज जुद्धशमशेर जङ्गबहादुर राणा ग्राहद् ऱ्का द् ला लेजियो द् अनेयर, जी.सी.. सान्ति मरिजिओ द लाज्जारो, जी.सी.एस.आई., जी.सी.आ.इ.ई., यितेङ पावटिङ सुन चियान् लुचुयाँ स्याङ च्याङ, अनरेरी लेफ्टिनेन्ट जनरल ब्रिटिस आर्मी, अनरेरी कर्णेल अफ अल दी गोरखा राइफल रेजिमेन्ट्स इन्डियन आर्मी, प्राइममिनिस्टर एन्ड सुप्रिम कमान्डर इन चिफबाट भूकम्पपीडित जनताका लागि गरिबक्सेको बन्दोबस्त र बखत-बखतमा बक्सेका वक्तव्य सबै यो पुस्तकभित्र परेका छन्। उहाँको आफ्नो देश र दुनियाँउपरको प्रेम यो पुस्तकका पाताहरूले स्वयम् बक्नेछन्, यहाँ वर्णन गरिरहन दरकार छैन।

यो प्यारो नेपाल देशका गरिब दु:खीलाई सुख दिन, देशको उन्नति औ गौरव उच्च श्रेणीमा पुऱ्याउन उहाँबाट हरदम कोसिस भइरहनेछ भन्ने दृढ विश्वास छ ।

यो पुस्तकको मुखचित्र (धरहराको), भनाइ अरू सम्मति र समिति अड्डाबाट यो लेख पास गरिदिने प्रबन्धसमेत मिलाइदिनुभएकोमा श्री क.प. बालकृष्णशमशेर जङ्गबहादुर राणालाई मेरो धन्यवाद छ ।

आद्योपान्त हेर्नु भई ठाउँ-ठाउँमा सम्मतिसमेत दिनुभएकोमा गोदवा गुरु हेमराज पण्डितज्यूलाई हार्दिक धन्यवाद दिन चाहन्छु, 'भूकम्प पीडितोद्धारक संस्था अड्डा' विषयको रिपोर्ट जम्मा गरिदिएकोमा सो अड्डालाई पनि ।

यो पुस्तकको काममा दिनुभएको हरेक किसिमको सहायताका लागि गोदवा हेडमास्टर रुद्रराज पाण्डेप्रति र मेहनतसाथ प्रुफ हेरिदिनुभएकोमा गोरखापत्र सम्पादक पं. प्रेमराजप्रति धन्यवाद छ ।

बीच-बीचमा सहायता दिने अरू सज्जनहरूको परिश्रम पनि बिर्सन सक्दिनँ, तिनीहरू सबैलाई यही मौकामा हार्दिक धन्यवाद अर्पण गर्दछु ।

दु:ख पाएका भाइबहिनीउपर सबैको प्रेम र दया बढ्न जाओस् र पछिकालाई समेत सो महाभूकम्प विषयमा केही ज्ञान र सूचना पनि हुन जाओस् भन्ने हेतुले यो एक सानो बयान लेखेको हुँ ।

सो महाभूकम्प भएको वर्षदिन पनि नाघिसक्यो । तसर्थ यही समयमा यो सानो पुस्तक प्रिय नेपाली पाठकका समीपमा चढाउँदछु ।

तर, जति लेखे पनि त्यो आपतको भयङ्कर स्वरूप बिर्सन दिन्न । यो नाशिएको देशको धूलोबाट हाम्रो देश र जाति झन् उच्च श्रेणीमा पुगोस् भन्ने आशा राख्दछु, बेफाइदाबाट फाइदाको जन्म होस् भनी प्रार्थना गर्दछु । यदि यो पुस्तकबाट माथि लेखिएका इच्छा पूर्ण गराउन केही न केही मद्दत हुन गए पनि यो पुस्तक लेखेको सार लाग्ने थियो ।

यो पुस्तकको प्रथम संस्करणमा २ हजार प्रति छापिएको थियो। सो बिक्री भइसकेकाले मेरा प्यारा देश बान्धवहरूको समीपमा यो द्वितीय संस्करण सहर्ष सुम्पन्छु।

ब्रह्मशमशेर

बबरमहल, काठमाडौं

वि.सं. १९९२

श्री मेजर जनरल ब्रह्मशमशेर जङ्गबहादुर राणा

दैवी दुर्घटनाले दुःख पाएका प्यारा मातृभूमिका लाखौं र अकाल
मृत्युमा परेका हजारौं भाइबहिनीको सम्झनामा समर्पण

\- ब्रह्मशमशेर

विषय सूची

पहिलो भाग

प्रस्तावना ... १

दोस्रो भाग

महाभूकम्प ... ३

राजधानीमा भूकम्प ... ८

भूकम्पपछिको अवस्था ... २६

श्री ३ महाराजको फिर्ती सवारी ... ३५

मोफसलमा भूकम्प र तत्कालको मद्दत ... ५४

तेस्रो भाग

भूकम्पले मानिसको मनमा परेको असर ... ६६

चौथो भाग

मृत्यु सङ्ख्या ... ६८

पाँचौं भाग

घर, धन आदिको नोक्सान ... ७६

छैटौं भाग

औषधिको प्रबन्ध ... ८४

सातौं भाग

भूकम्प सेवक ... ८८

आठौं भाग
    भूकम्प पीडितोद्धारक रिलिफ फन्ड र   १०३
    विदेशीहरूको सहानभूति

नवौं भाग
    घर, बास मर्मत गर्ने कामपट्टिको बन्दोबस्त र मद्दत   १०७

दसौं भाग
    अब घर बनाउँदा ध्यान दिनुपर्ने कुरा   ११७

एघारौं भाग
    भूकम्पको वैज्ञानिक जाँच   १२५

बाह्रौं भाग
    नेपालमा पहिले-पहिले गएका भूकम्पहरूको बयान   १३२

तेह्रौं भाग
    आइन्दालाई सूचना   १३७

परिशिष्ट
औषधि पाएका घाइतेको सङ्ख्या   १४८
बेतार कलबाट आएको खबर   १५४
भूकम्प पीडितोद्धारक फन्डका दाताको नाम   १५७
'भूकम्प सेवक'   १६८
महाभूकम्पको ४ वर्षपछि जुद्धशमशेरले   १७९
राष्ट्रका नाममा गरेको सम्बोधन

श्री:

पहिलो भाग

प्रस्तावना

यस महाभूकम्पको मार हिन्दुस्थानमा भन्दा पनि नेपालमा बढ्ता पर्न गयो। हिन्दुस्थानपट्टि बिहारको उत्तर बीच भागसम्म मात्र नोक्सान पऱ्यो जुन हिन्दुस्थानका लागि एक बहुतै सानो टुक्रा हो। परन्तु नेपाल राज्यमा राजधानीलगायत आधा राज्यसम्ममा नोक्सान पर्न गयो, मृत्यु सङ्ख्यामा पनि नेपाल नै अगाडि हुन आयो। हिन्दुस्थानपट्टि ७,१८८ ज्यानको मात्र नोक्सान हुन गयो अर्थात् नेपालको भन्दा १,३३१ कम्ती। उत्तर बिहार जस्तो बाक्लो बस्ती (१ करोड ५० लाख जनसङ्ख्या) भएको ठाउँमा भन्दा यो पहाडी मुलुकमा बढ्ता ज्यानको नोक्सान हुन गाएबाट पनि समझदार पाठकहरूले यहाँ पर्न गएको विध्वंसको अन्जाम गर्न सक्लान्। धेरैलाई यहाँको यस्तो परिस्थितिको पूरा ज्ञान नभएको बुझिन्छ। तल नोक्सानको छोटकरी फेहरिस्त लेखिएको छ-

मृत्यु सङ्ख्या

मर्दाना- ३,८५० जनाना- ४,६६९ जम्मा- ८,५१९

घरबास, देवालय र पाटीपौवा- २,०७,७४०

अरू धनमालको नोक्सान विषय केही फेहरिस्त नबनेकाले यहाँ लेखिएको छैन। नगदी दामको हिसाबबाट करोडौं रुपैयाँको धनमालको नोक्सान हुन गयो, राजधानीका ठूल्ठूला दरबारमा पनि लाखौं रुपैयाँका मालहरूको नोक्सान हुन गयो।

भूकम्प पीडितोद्धारसम्बन्धी काम दुई विभागमा छुट्टिएको छ।

पहिलो खण्डको मद्दत- तत्कालको दुःख निवारण गर्ने। जस्तो- दुःखी, भोकाहरूलाई चामल, ओढ्ने-ओछ्याउने, काठपात, खर इत्यादि बाँड्ने, बास नभएकालाई टहरा बनाइदिने, घाइतेहरूको औषधि उपचार गर्ने, सुत्केरी बिरामीको स्याहारसम्भार गर्ने।

दोस्रो खण्डको मद्दत- घरबास उठाउने काममा दुनियाँलाई मद्दत दिने, सरकारी घर अड्डा, पुलहरूको मर्मत गर्ने (पुराना बस्तीका ठाउँमा नयाँ र सफा सहर बनाउने)।

यी दुवै खण्डमा भएका बन्दोबस्त यो पुस्तकमा लेखिएका छन्। दोस्रो खण्डको काम खत्तम हुन अझ केही समय बाँकी नै छ, तापनि त्यसपट्टि अहिलेसम्म भएको र पछि हुने कामको विषयमा पनि लेखिएको छ।

ज्योतिषीको हिसाबबाट भूकम्पको दिन अथवा माघ २ गते सोमबार दिउँसो ४ बजे सूर्य, चन्द्र, मङ्गल, बुध, शनि, राहु, शुक्रसमेत भई मकर राशिमा सातै ग्रह एकै ठाउँमा बस्ने भई पूर्ण गोलयोग परेकाले केही उत्पातको अन्जाम पहिलेदेखि नै भएको थियो। सबैको मनमा पनि केही न केही उपद्रव पर्न आउला भन्ने शङ्का हुन गएको थियो, परन्तु यसरी भूकम्प जाला भनी कसले विचार गरेको थियो होला ?

त्यस बखत म यहीं थिएँ। दुःखी जनहरूको हृदयविदारक दृश्य कैयन् देख्नुपऱ्यो। आफ्ना हृदयप्यारा नेपाली भाइबहिनीलाई यस्तो दुःख परेको फेरि कहिल्यै हेर्नु नपरोस्। तर, यस्तो भए पनि त्यसबाट हामीले जनाउ लिई उत्साह, जातीय मेल र देशभक्ति जस्ता गुण आफूमा बढाउन कोसिस गऱ्यौं भने सो दशाको दिनले पनि भाग्यको स्वरूप लिन पाउला। जब माघ २ गतेको दशालाई भाग्यको स्वरूप दिन सकिएला अनि पछि मात्र हुरीको वेगमा बादलझैं सबैको मनबाट सो विध्वंसको तस्बिर मेटिन जाला। त्यो उद्देश्य ताकेर उद्योग गर्नु हामी नेपाली सबैको कर्तव्य हो- कुराले मात्र होइन कामले पनि।

दोस्रो भाग

महाभूकम्प

नेपालमा गएको यो ठूलो भूकम्प पृथ्वीभरका ठूल्ठूला कम्पहरूसँग दाँजिन सक्छ।

भूकम्प केन्द्र नेपाल राजधानीबाट करिब ५२ कोस दक्षिणपूर्वमा फेला परेको छ। त्यो ठाउँ (जसलाई एपिसेन्टर भनिन्छ) सीतामढी र मधुबनीको बीच (उत्तर बिहार मुग्लान) मा पत्ता लागेको छ।

सो ठाउँ पूर्व ३ नम्बरको सीधा दक्षिण (ओखलढुङ्गाबाट करिब ३५ कोस र उदयपुरगढीबाट २५ कोस मात्र टाढा) परेकाले पूर्व ३ र ४ नम्बरपट्टि ज्यादा जोड पर्न गएको हो।

हिन्दुस्थानको भूकम्प जाँच्ने कल (सिस्मोग्राफ) बाट नेपाल राजधानीमा भूकम्पको जोड सेकेन्डको आठ फिट गएको अन्जाम भएको छ। तर, भुइँचालोको जोड जमिनको किसिमबाट फरक हुने भएकाले काठमाडौं र पाटन सहरमा सेकेन्डको ८ फिट गए पनि भादगाउँ, लुभु, सानागाउँ, बुङमती, खोकनामा सेकेन्डको १० फिटको तोड अथवा भूकम्प केन्द्रको जग्गामा जैं हुन भयो भने भूगर्भविद्या जान्नेहरूले भनेका छन्।

भुइँचालो कति बजे सुरु भयो भन्ने कुरामा धेरैको राय बाझ्दछ। तर, हिन्दुस्थानको (स्टचान्डर्ड) टाइममा १४ घन्टा १३ मिनेट २२ सेकेन्ड चढेकाले हिसाब गर्दा यहाँ दिनको २ बजेर २४ मिनेट २२ सेकेन्ड जाँदा गएको हुन आउँछ। हुन त धेरैले २ बजेर १५ मिनेटको अन्जाम गरेका छन्। तर, २ बजेर २४ मिनेट २२ सेकेन्डलाई नै

ठीक समय मान्नुपर्छ।

यसभन्दा पनि भूकम्प कति बेरसम्म अड्यो भन्ने कुराको मुकर्रर गर्न कठिन छ। त्यसको हिसाब जग्गैपिच्छे फरक-फरक पर्न गएको छ। पूर्वतिर १०-१२ मिनेटसम्मको पनि अन्जाम गरेका छन्, तर यहाँ (राजधानी) को त्यस बखत खुला मैदानमा बसिरहेका एक कारिन्दाले घडी हेर्दा ठिक दुई मिनेटसम्म अडेको हिसाब गरेछन्। अरू कुरा विचार गर्दा पनि २ देखि ३ मिनेटभित्रको अन्जाम गरिन्छ।

सो भूकम्पको जोड करिब ३० लाख वर्गमाइलको गिर्दासम्म पुग्यो तापनि त्यसमध्ये धेरैजसो खण्डमा मामुली कम्प मात्र भयो। खास नोक्सान परेको ठाउँ १) नेपाल राज्यमा पश्चिम १ नम्बरदेखि पूर्व सिमानासम्म र २) मुग्लानमा बिहारको उत्तर र बीच खण्ड र आसामको केही खण्ड हुन गयो।

सो ठूलो कम्पपछि साना-साना कम्प पनि धेरै गइरहे, अझसम्म पनि जाँदैछन्। यहाँ भूकम्प जाँच्ने कल नभएकाले कति यस्ता कम्प भए पूरा हिसाब राख्न सकिएको छैन। माघ २ गतेदेखि ७ गतेसम्ममा मात्र पनि २८ सानासाना कम्प गए भन्ने हिन्दुस्तानको खबर छ। यहाँ पनि ६ दिनभित्र करिब त्यति नै गए होलान्। तीमध्ये १/२ कम्प निकै कडा थए। सोभन्दा पछिको गिन्ती अन्जामको भरमा छ। यो विषयको अरू वैज्ञानिक जाँच एघारौं भागमा केही लेखिएको छ। त्यस भागमा केही भूगर्भविदहरूले दिएको आ-आफ्नो राय पनि लेखिएका छन्।

त्यस बखत श्री ३ महाराजको सवारी पश्चिम नयाँ मुलुकमा भएको थियो। उहाँको सवारी चलाउने मुख्य जनरल मेरो बुबा (हाल पू.क.ज.) सुप्रदीप्त मान्यवर जनरल बबरशमशेर जङ्गबहादुर राणा जी.बी.ई., के.सी.एस.आई., के.सी., आई.ई., ने., प्र.ब., अनरेरी कर्णेल ब्रिटिस आर्मी होइबक्सन्थ्यो। सिकारको बन्दोबस्त गर्ने जनरल केशरशमशेर र

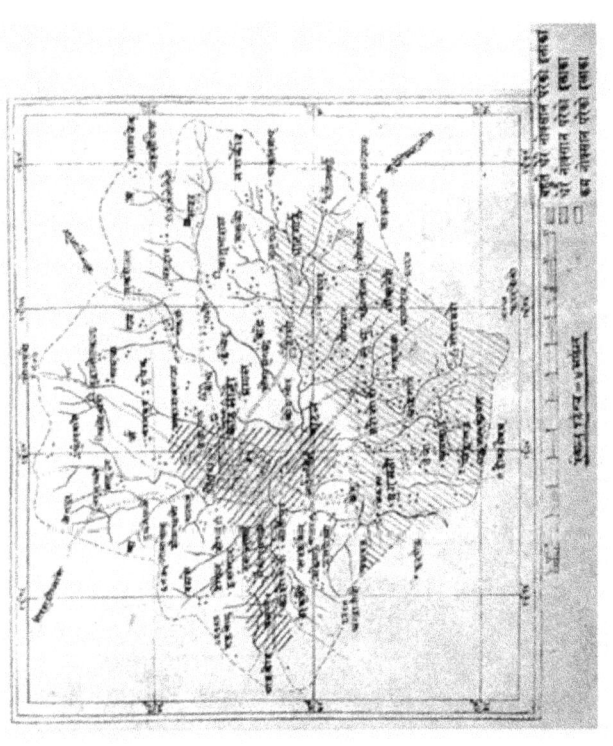

काठमाडौं (राजधानी) चार भञ्ज्याङभित्रको नक्सा

महाभूकम्पको नक्सा

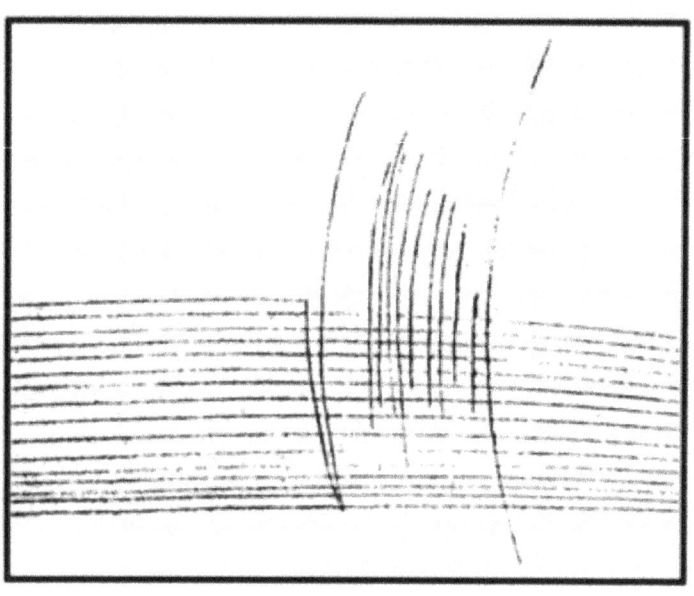

कलकत्ताको भूकम्प-यन्त्रले टिपेको नक्सा (सो ठाउँ यहाँबाट ५०० माइल टाढा पर्दछ)

हजुरिया जनरल बहादुरशमशेर होइबक्सिन्थ्यो। श्री ५ महाराजाधिराज त्रिभुवन वीरविक्रम शाहदेवको सवारी नागार्जुनमा थियो। पूर्व पहाडमा १ नम्बरदेखि लिएर इलामसम्म र पश्चिम ४ नम्बरसम्म जर्नेल कर्णेलहरू दौडाहा वा जाँच गर्न खटिएका थिए। कास्की, लमजुङमा नापी नभएको धेरै वर्ष भएकाले सो ठाउँ नापी गर्ने भैरूँ र सूर्यदल २ पल्टन खटिएका थिए। साबिकबमोजिम भीमफेदी-अमलेखगन्जको बाटो मर्मत गर्न २ पल्टन गएका थिए। श्री ३ को सवारीमा पनि पूरा २ पल्टन गएको थियो। नयाँ मुलुक सवारी हुँदा यी पल्टनहरूलाई वगडीमा जनरल सिंहशमशेरको जिम्मामा छाडिबक्सेको थियो।

तसर्थ धेरै अफिसर र पल्टनहरू राजधानीबाट बाहिर गएका थिए। (खास गरी तिनीहरू भूकम्पबाट कम नोक्सान भएको ठाउँमा पर्न गए।) मुख्तियार श्री रुद्रशमशेर जबरा कायममुकायम प्राइममिनिस्टर होइबक्सेर यहाँ रहेका धेरैजसो जर्नेललाई थप अड्डा र कामको भार पर्न गएको थियो। झन् त्यसै बखत भूकम्पको मार पर्न आउँदा राजधानीमा रहेका धेरै सरकारी अफिसर कामदारहरूलाई ज्यादै भीड र झौंज पर्न गयो।

राजधानीमा भूकम्प

भूकम्पको बयान

माघ २ गतेको केही दिन अगाडि पौष २८ गते केही पानी पऱ्यो। दिन र रात करिब शून्य दशमलव ४१ इन्च पानी परेको थियो। त्यसले गर्दा बिहानीपख हुस्सु पनि केही बढ्न गयो। अघिल्लो दिन सङ्क्रान्ति भएकाले जताततै चाड मनाएको देखिन्थ्यो। माघ २ गते पनि त्यही चाडबाडको हावा अडिरहेको थियो। सोही दिन सोमबारे औंसी परेकाले धेरैजसो आइमाई नुहाईधोई पूजापाठ गरी व्रत बसिरहेका थिए चाडबाड मनाइसकेका दुनियाँहरू खेतमा काम गरिरहेका थिए। बिहानपख हुस्सु लगेको थियो तापनि अरू दिनको भन्दा काम कडै थियो। त्यस बखत घाको तेज करिब ६० डिग्री चढेको थियो (पानीको तापक्रम करिब ५७ डिग्री थियो)। तैपनि आँगन, कौसी र सडकमा समेत घाम तापिरहेका धेरै थिए। सहर गाउँका भट्टीमा मतवाली नेवार, भोटेहरूको भीड थियो। माघ महिना भएकाले गाउँलेहरू आफ्नो खेतको उब्जाउ बेच्न आएकाले सहरका बजारतिर पनि भीड थियो। सरकारी अड्डामा काम भइरहेको थियो पल्टन कवाज खेलिरहेका थिए।

ठीक २ बजेर २४ मिनेट २२ सेकेन्ड हुँदा अकस्मात जमिनभित्रबाट गुडगुडे आवाज आयो र साथसाथै भूकम्प सुरु भयो- १९९० माघ २ गतेको महाभुइँचालोको उत्पत्ति भयो। यो जमिनको अपूर्व आवाजले गर्दा भूकम्प हो भन्ने ख्याल फ्ट्ट चढ्न सकेन। पानीको लहरीझैं जमिन चक्कर खाई बटारिन थाल्यो र सोही वेगमा धेरैजसो धर इमारतहरू लड्न गए। वेग यस्तो अनौठो थियो कि एक बिजुलीबत्तीको ग्लुपसमेत त्यसको सकेटबाट बाहिर उछिट्टिएको देखियो। त्यस घटनाबाट जमिन कस्तो जोडले काँपेछ केही अन्जाम गर्न सकिन्छ। रूखहरू हुरीमा परेझैं

लच्के। सानासाना बोटका टुप्पाले जमिन छोला-छोला जस्तो भयो।

पोखरीको वा भाँडामा राखिएको पानी बाहिर फ्याँकियो। समुद्र बढेमाझैं शान्त पोखरीहरूको पानी ठूल्ठूला छालझैं उछिट्टन लागे। घरको गारा, किलासहरू हुरीमा ढोकाझैं खुल्ने र बन्द हुने गर्न लागे। जमिन तल र माथि हुँदा धमाधम घरहरू लड्न थाले। अग्लाअग्ला बुजा गजुरहरू पनि खसे। तोपको बढाइँमा झैं घर भत्केको भयङ्कर आवाज आउन थाल्यो। धूलोले गर्दा अन्धकार भयो। ८-१० हात अगाडि पनि देख्न नसकिने भयो। सहरको धूलोले गर्दा टुँडिखेलजस्तो खुला जग्गामा पनि धूलोको कुहिरीमण्डल हुन गयो। सबै मासिन खुला जग्गातिर भाग्न थाले। कोही अड्न नसकी केही चीजको भर लिई खडा रहे, कोही चार हातखुट्टा टेकी चौपायाझैं भाग्न थाले, कोही छिँडीमा लुके, कोही चोकमा दौडिए औ कोही बारीतिर कुदे। कहीं कहीं आमाहरू आफू खुला ठाउँमा आइसकेपछि पनि आफ्ना छोराछोरीको मायाले घरभित्र पस्न जाँदा मृत्युको मुखमा परे।

धूलोले अन्धो पारे पनि अतासले गर्दा सबै मानिस दौडन थाले। साथसाथै सबले अतासमा ईश्वरको नाम लिई कराउन थाले र चारै तर्फबाट कोलाहल शब्द निस्कन थाल्यो। सो शब्द घर भत्केको आवाजसँग मिल्दा कस्तो भयङ्कर सुनियो होला, विचार गर्नुहोस्। खास गरी स्त्रीहरूमा धेरै जस्ताले धर्म हुन्छ भन्ने विचारले भाग्ने कोसिस नगरी पानी भर्ने वा औंलाले जमिन छुने जस्ता रकम-रकमका काम गरे। तर, भाग्ने मानिसहरूले पनि सुख पाएनन्। सहरका साना-साना सडक र गल्ली धराप बन्न गए। हजारौं घरले थिचिई अकाल मृत्युको गाँसमा परे, हजारौं घाइते भए, टुँडिखेलमा कवाज खेलिरहेका सिपाहीहरू उभिन नसकी धेरैजसो जमिनमा घोप्टो परे, पूर्वको १ खण्ड जमिन फाटिन गई पानीसमेत निक्लियो। सोही बखत धरहरा र घन्टाघर दुवै करौंतीले काटेका रूखझैं चिरा-चिरा पर्न गई २-३ टुक्रा भएर ढले। धरहराका

टुक्राहरू त्यसको पर्खालको चक्काभित्रै परे। अरू घर इमारतहरू पनि त्यस्तै किसिमले ढलेका देखिए। 'भूकम्पमा घरहरू तेर्सै ढलेर भत्कन्छन्' भन्ने विचार धेरै दृष्टान्तले सिद्ध भएनन्।

खेत र सडक चिरा-चिरा भई फाटिगए। चिरा परेका ठाउँहरूबाट पानी निस्कन थाल्यो। सबै खोलानालामा बाढी आयो। बागमती, विष्णुमतीलगायत अरू सबै खेला छिनभरमै कालो र मैलो पानीले ढाकिए। कुनै ठाउँमा ८-१० हात माथिसम्म पानी फोहोराझैं जमिनबाट फुटेर आयो। धेरैजसो खेत पानीले जलथल भए। कुनै कुनै ठाउँमा जमिन फाँटिँदा तातो पानी र बालुवासमेत बाहिर आएको देखियो भन्ने सुनियो। बालाजु र शङ्खमूल नजिकमा सडकहरू ठाउँ-ठाउँमा १-२ हातसम्म भासिए। चिरा नपरेका सडक बहुत कम थिए। यी चिरा परेका ठाउँको गहिराइ ९-१० हातसम्म पनि थियो। लम्बाइको त कुरै छाडौं।

भूकम्प बन्द हुनासाथ सबै आफ्ना नाताहरूको खोजतलास गर्न थाले। बेपत्ता भएकाहरूको नाम पुकार्दै सडकमा दौडन थाले। घरमा नभएकाहरू आफ्नो घरतिर दौडन थाले। दुश्मनले हमला गर्दाझैं सहरभित्रका दुनियाँहरू आफ्ना मुख्य-मुख्य माल लिई बाहिर आउन थाले। एकै छिनमा सबै खुला ठाउँ यी आत्तिएका स्त्री-पुरुषले भरिए। माघेसङ्क्रान्ति मनाउन कोही कोही माइत वा कोही कोही मित्रको घरमा गएकाले आफ्ना जहान-बच्चा, नातागोता र इष्टमित्र पत्ता लगाउन विशेष कठिन पऱ्यो र त्यसले गर्दा उताका मानिस यता, यताका मानिस उता दौडन थाले। आफ्ना नाता पुरिएकाहरूले सकीनसकी घरको रास खोस्रन थाले। मद्दत नपुगेकाहरूले गुहार माग्न लागे, तर त्यसबखत सबै आ-आफ्नै नातेदारको खोजतलासमा लागेकाले मद्दत पाउन कठिन भयो। घरको रासबाट बाँचेकाहरूको स्वर पनि सुनिन्थ्यो, परन्तु झिक्न पूरा सामर्थ्य भएन। यस्ताका नातेदारको दिल कस्तो भयो, कल्पना पनि

गर्न सकिँदैन। यस्ता मानिस पल्टन भएको ठाउँमा (काठमाडौंका लागि टुँडिखेल) आई कराउन थाले। भूकम्प बन्द भएको केही बेरपछि नै सो ठाउँमा चिफसाब, लाठसाब र अरू जर्नेल अफिसर जम्मा भए।

पहिलो काम त्यहाँ जम्मा भएका सिपाही फौजलाई उत्साह र आधार दिने काम भयो। त्यसपछि तिनीहरूलाई ठाउँ-ठाउँमा पठाउने काम गरियो। श्री ५ का छोरी मैया २ र श्री ३ की नातिनी मैया मरेको खबर त्यहीँ आयो। अफिसरहरूको तैनाथमा राखी सिपाहीहरूको गठ-गठ गरी सहर र दरबारमा पुरिएका मानिस झिक्न खटनपटन भयो। तिनीहरू गई सहरमा पुरिएका धेरैलाई बचाए। आफ्ना घरजहान सम्झी मनमा कस्तो ताप परेको हुँदो हो, तापनि पल्टनियाँ जवानहरू आफ्नो कर्तव्यको सोझो रहे। खटाइएका ठाउँमा केही गाह्रो नमानी गए। यस्तो देख्दा खुसी पनि लाग्यो, दया पनि जाग्यो। त्यस बखत तीन सहरमा करिब ८ हजार ५ सय सिपाही थिए। धेरै मानिस घाइते भएकाले अस्पतालमा ज्यादै भीड भयो। घाइतेहरूका साथै अरू सहरका बासिन्दाले अस्पतालको कम्पाउन्ड ढाक्न थाले। तिनीहरूमध्ये केही आमाहरू आफ्ना मरेका छोराछोरीलाई हातमा लिई बाँचेका छन् कि भन्ने आसले डाक्टरलाई देखाउन आएको दृश्य पनि देखिन्थ्यो। त्यस बेला अस्पतालको तैनाथवाला भएकाले घाइतेलाई औषधि पुऱ्याउने काम मलाई पनि पर्न आयो। त्यस बखत सहरभित्र कोही कोही सज्जनले दुःखी घाइतेको स्याहारसम्भार गरे पनि धेरैजसो बासिन्दा अतासले होसविहीन भई बसिरहे।

श्री ५ महाराजाधिराजको सवारी त्यस बखत नागार्जुनमा थियो। केही बेरका लागि त्यहाँबाट नारायणहिटी दरबारमा सवारी भई विष्णुमतीको पुल भत्केकाले छाउनीको बाटो गरी नागार्जुन फिऱ्यो। चलनबमोजिम छाउनी पास गरिबक्सँदा १ तोपको सलामी दिइयो। नागार्जुनका दरबारहरू पनि भत्किएकाले पालमै राज भयो।

घण्टाघर (वि.सं. १९५१) भूकम्पअघि

भूकम्पपछि

लुभु सहर

सानागाउँ

भादगाउँको एक सडक

विष्णुमतीको पुल (काठमाडौं नजिकको)

बालाज्यू जाने सडकमा चिराचिरा परेको

टुँडिखेल (काठमाडौं) मा जमिन भासिएको

भोटाहिटी टोल (काठमाडौं)

मखनटोल (काठमाडौं)

भूकम्पवाद बस्ती बसेको

टुँडिखेल (काठमाडौँ) मा

जमल (काठमाडौँ) मा

५५ भ्याले दरबार, भादगाउँ (वि.सं. १७५६)

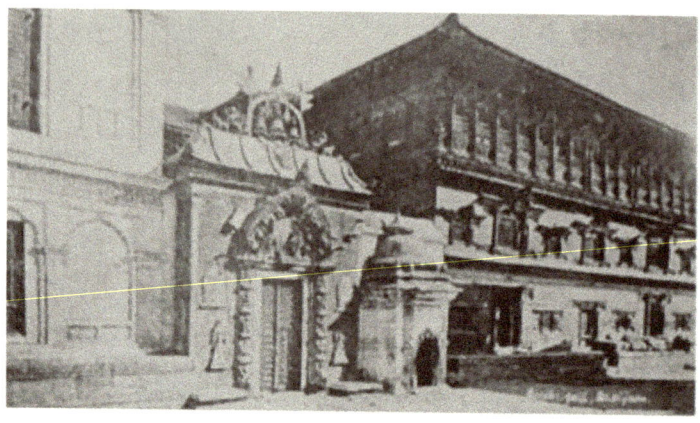

भूकम्पअघि

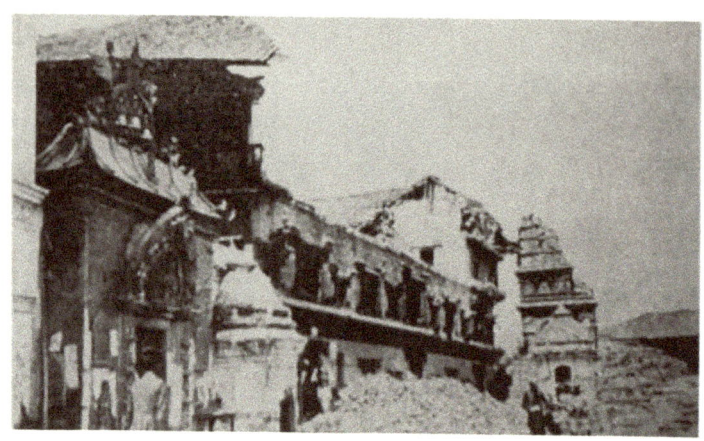

भूकम्पपछि

च्यासिङ देवल, पाटन (वि.सं. १७८०)

मच्छिन्द्रनाथको देवल पाटन
(१८९० सालको भूकम्पवाद जीर्णोद्धार भएको)

मोफसल

श्री मे.ज. विक्रमशमशेरको घर, वीरगञ्ज

बडाहाकिमको घर, मोरङ

भैरव मन्दिर, भादगाउँ (वि.सं. १७४२)

भूकम्पअघि

भूकम्पपछि

सहरका केही घर र दरबारसमेत भत्केका घरका काठपात आगोमा पर्दा आगलागी भयो, तर थोरै घरमा मात्र पर्न आएको र हावाको जोड पनि कम भएकाले सम्हाल्न सकियो। खोकनाको तेल पेल्ने ठाउँमा पनि आगलागी भयो, परन्तु फिँजिन पाएन। फर्पिङको मुख्य बिजुलीघरमा भूकम्प हुँदा आफसेआफ कल बन्द हुने प्रबन्ध भएकाले सबै ठाउँको करेन्ट बन्द हुन गयो। सो व्यवस्था नभएको भए चुँडिएका तारहरूबाट आगलागी उत्पन्न हुने बहुत सम्भावना थियो। आगलागी हुनु एक भाग्यको कुरो सम्झनुपर्छ। त्यस बखतको अवस्था तपसिलमा प्रेमराजको एक बयानबाट राम्रोसँग अञ्जाम गर्न सकिन्छ।

"होसहतास हराएको दुई मिनेटपछि आँखा खोलेर हेर्दा चारैतिर प्रलयको दृश्य, प्रलयको कोकोहोलो स्वरले चिच्याउन र कराउन लागेको देखियो, सुनियो। मानिसको त के कुरो, मानिसको शरणमा परेका चराचुरुङ्गी पनि च्याँच्याँ र चुँचुँ गरेर आकाशमा कराएका थिए। मुसोजस्तो छरितो जन्तुले पनि भाग्ने मौका पाएन, जहाँको त्यहीँ थिचिएर मर्नुपर्‍यो।

छोराको शरीर सबै किचिइरहेछ, मुख पक्क-पक्क बाएको इँटका अन्तरबाट अलि-अलि देखिन्छ, आ..मा.. भनेको मलीन आवाज अलि-अलि सुनिन्छ, इँट काठ पन्छाएर छोरो झिक्ने मद्दत पुग्दैन। यस्तो अवस्थामा त्यस अभागिनी आमाको तस्बिर खिच्नुहोस्! जहानमा ११ जना थिए, सबै किचिएर मरे, एउटा पाँच वर्षको बालक बाँच्यो। यो टुहुरोको सम्झना गर्नुहोस्। विवाह गरेको वर्षदिन पनि भएको छैन १५ वर्षकी बाहुनी विधवा भई, यसले छाती पिटी-पिटी रोएको करुणाक्रन्दनको विचार गर्नुहोस्! जहानमा कसैको टाउको फुटेको छ, कसैको हात भाँचिएको छ, कुनै बेपत्ता छन्, कसैलाई खोस्रेर झिक्दैछन्, कसैलाई पोल्न लगिसके। घ्याम्पो फुट्यो, अन्नको गेडो छैन। घरमा मुर्दा लडिरहेछ, कात्रो किन्न जाने पसल छैन, दाउरा किन्ने पैसा छैन। भत्किएका घरका काठपातले मुर्दा पोलिए। बाबु मर्‍यो, छोरोले किरिया गर्नलाई कपाल खौरन छुरा

पाएन। पुरेत बाजेसँग किरिया गराउने पुस्तक छैन, घरले किचिएको छ अथवा कहाँ छ पत्तो छैन। किरियापुत्रीले नयाँ धोती नपाएर पुरानो पटुका फेरेर किरिया बस्नुपऱ्यो। सारा सहर भत्कियो, पसल भत्के, केही किन्न पाइँदैन। रात पऱ्यो, माघेझरी पर्ने डर छ, ओत छैन।"

दाउरा नपाउँदा धेरैले भत्केका घरको काठले लास जलाए। सबै घाटमा ठेलमठेल भयो। मुर्दाको सद्‌गत गर्न नसक्नेहरूले घाटमा मुर्दाहरू त्यसै फ्याँक्न थाले, गाईवस्तुको त कुरै छाडौं।

वीरगञ्जसम्मको एक्लो टेलिफोनको लाइन पनि टुट्न गएको र चारैतिर नोक्सान पर्न गएकाले बाहिरको खबर अन्धकारमै रह्यो, न त यताबाट खबर पठाउन सकियो। श्री ३ कहाँ खबर लिई घोडचढी गए। बाटो बिग्रेकाले भादगाउँ वरिपरि गाउँको खबर पाउन पनि कठिन भयो। केही गोलमाल वा चोरीको बचाउलाई कौसी (सरकारी ढुकुटी) झ्यालखाना, तोपखाना र ठूल्ठूला दरबारमा पालो थप गरियो। राति रमन घुम्ने काममा विशेष कडा गरी थप अफिसर सिपाही खटाइयो। खोरका थुनुवाहरू भाग्न कोसिस गरे पनि सिपाहीको मद्दत चाँडै आएकाले भाग्न सकेनन्।

हिउँदको छोटो दिन, रात चाँडै पऱ्यो। तर, बिजुली बत्ती आएन। आफ्ना नातेदारको खबर लिन पनि फुर्सद भएन। साना-साना कम्प रातभर गइरहे, तिनको गिन्ती रहेन। ठूलादेखि सानासम्म सबैको खेत, बारी या खुला मैदानमा बास भयो। हजारौं ओत नपाई खुला मैदानमा बसे, त्यस रात खान पनि थोरैले मात्र पाए। जाडो ज्यादा कडा थियो। ठन्डी २८ डिग्रीसम्म झऱ्यो, पानी जम्न थाल्यो। त्यो रात ज्वरोको निद्राझैं बित्यो।

भोलिपल्ट पुरिएका मानिस र मुर्दा झिक्ने काममा मद्दत दिन सिपाहीहरू ठाउँ-ठाउँमा खटिए। धेरै जिउँदा मानिस निस्के। सहरको

स्वरूपै बदलिएको थियो। एकै ठाउँमा पनि ४०/५० जनासम्म पुरिएकाले जत्रो मद्दत पनि कम्ती देखिन्थ्यो। सिपाही र कोही कोही अफिसरबाट तारिफलायकको काम भयो। चार भञ्ज्याङभित्रका गाउँहरूको र नजिक-नजिकका पहाडबाट खबर आउन थाल्यो। अफिसरहरू पनि गाउँ-गाउँमा बुझ्न गए। सबै ठाउँबाट उही खराब खबर आउन थाल्यो। दृष्टान्तका लागि एक भूकम्प सेवा पं प्रेमराजको बयान तपसिलमा छ।

"म घुमेका गाउँहरूमध्ये सानागाउँ र लुभु सहरको दृश्य अन्तको भन्दा हृदयविदारक छ। पहिले १५००-२००० छाना भएको ठाउँमा अहिले ४/५ वटा पनि देखिँदैनन्। अघिको झिँगटीका छानाले भरिभराउन भएको बस्ती अहिले पटपटी फुटेको नाङ्गो देखिइरहेछ।"

वीरगञ्जसम्मको टेलिफोन लाइन पनि ३ गते नै खुल्यो। परन्तु रक्सौलभन्दा परको खबर केही पाइएन। "वीरगञ्ज स्वाहा भएको छ, रक्सौलदेखि माथिसम्म रेलको लाइन टुटेको छ। नेपाल सरकार लाइट रेलवेमा पनि नोक्सान पर्न गएको छ। तारको लट्ठा टुटेकाले हिन्दुस्थानपट्टिनको केही खबर छैन। तर, मुग्लानपट्टि पनि धेरै नोक्सान पर्न गएको अञ्जाम गरिन्छ" भन्ने खबर आयो। अन्धकारको अन्धकारै भयो। पहाडतर्फ पनि बिस्तारै खबर आउन थाल्यो।

भूकम्प गएको दिनैदेखि हररोज साना-साना भूकम्प जान थाले। माघ ४ गते राति निकै ठूलो कम्प भयो। आत्तिएका दुनियाँमा झन् अतास बढ्यो। हरेक कम्पमा मानिसको कोलाहल सुनिन्थ्यो। ३-४ दिनसम्म यस्तो कोलाहल बराबर चलिरह्यो। पछिपछि यस्तो कराउने कम हुँदै गयो। दुनियाँलाई भूकम्पमा बानी पर्न थाल्यो। बास, खाना आदि हरेक कुराको हाहाकार परेको बखतमा यस्ता साना-साना कम्पबाट झन् बढ्ता डर पर्न गयो। वरिपरिका गाउँ जताततैबाट नोक्सानको खबर आउँछ, बाहिर देशपट्टिको भने कही खबर छैन, अब के आइलाग्ने हो भन्ने

ख्यालले यसै आत्तिएका पुरुषहरूको मनमा झन् अतास बढ्न गयो।

यो नयाँ अवस्थाका लागि तपसिलमा लेखिएबमोजिमको विभागमा काम भयो।

जङ्गी-लाठ (हाल मुख्तियार) पद्मशमशेर जबराबाट हेडक्वार्टर (मुख्य अड्डा) को जिम्मा लिइबक्स्यो। उहाँको त्यस बखतको परिश्रम र कर्तव्यउपरको भक्ति बिल्कुलै प्रशंसालायक थियो।

१) अन्न चामलको बन्दोबस्त गर्ने काम- पहिलो मोडमा त्यसतर्फ पनि पद्मशमशेरबाटै नजर भयो। तर, ९-१० दिनपछि सो काम द.क.ज. (हाल जङ्गीलाठ) मोहनशमशेर जबराबाट नजर भयो। उहाँलाई मद्दत दिने कर्णेल भैरवशमशेर र कर्णेल शमशेरविक्रम थिए।

२) घाइते र बिरामीलाई औषधि गराउने काम- यो काम ममाथि पर्न आयो।

३) पानी-काज- जनरल प्रचण्डशमशेरबाट नजर भयो।

४) बिजुली र टेलिफोन- जनरल कृष्णशमशेर। उहाँमुनि कर्णेल चेतशमशेर मिस्टर किल्वर्न थिए।

५) लोकरक्षा- सो पनि जनरल पद्मशमशेरबाट नजर भयो। सो काममा उहाँलाई मद्दत दिने अरू अफिसरहरू पनि थिए।

६) पुलिस- त्यसको तैनाथवाला जनरल सूर्यशमशेर होइबक्सन्थ्यो।

७) पल्टन फौज- तिनीहरूबाट लोकरक्षादेखि लिएर हरेक किसिमको काम हुन्थ्यो। जनरल पद्मको अधीनमा थियो।

८) सहर सफाइ- यो काम अस्पताल र म्युनिसिपल अड्डाबाट भयो।

यी माथि लेखिएका विभागहरूबाहेक सेन्सस लिने, ठाउँ-ठाउँको रिपोर्ट जम्मा गर्ने, जङ्गलमा डाँडाभाटा काटेको हेरचाह गर्ने आदि शाखाहरू पनि क्रमैसँग उत्पन्न भए।

भूकम्पपछिको अवस्था

सबैलाई बास र खानाको दुःख पर्न आयो। ५-६ दिनसम्म घर बस्ने सयमा ८/१० जना पनि थिएनन्। धेरै घर चिरा-चिरा भएका र सद्दे घर भएकाहरू पनि धेरैजसो डराएकाले बासको कठिनाइ पर्न आयो। राजधानी खाल्डोभित्र मात्रै पनि ५५ हजार ७ सय ३८ घरमा नोक्सान पर्न गयो, अर्थात् ७० प्रतिशत घर नोक्सान भए। १/२ दिनसम्म त कसै-कसैले रूखमुनि बसी रात बिताए। टुँडिखेल र भण्डारखाल बगैंचालगायत सबै सरकारी ठाउँमा बस्ती बस्न सुरु भयो। बारी हुनेहरू आआफ्नो बारीमा बसे। टुँडिखेलमा दुनियाँहरूका लागि सरकारी पाल टाँगियो, तर सबैलाई कसरी पुग्न सक्थ्यो ! अफिसरहरूलाई पल्टनियाँ पालहरू बाँडिए। नभत्किएका सरकारी घरहरूमा पनि मानिस राखिए। खास गरी परदेशीलाई सुबिस्ता दिने उद्योग भयो। त्रि-चन्द्र कलेज र गेस्टहाउसमा परदेशी र कोही कोही नेपालीलाई राखियो। आफ्ना आधारमा परेका परदेशीहरूको सुबिस्ता ख्याल गर्नु कर्तव्य सम्झी तिनीहरूलाई सकेसम्म सरकारले सुबिस्ता दियो। बास नभएका सहरबासीलाई ठाउँ-ठाउँमा सज्जनहरूले आफ्ना खेत बगैंचामा बस्न टहरा बनाइदिए। जमल (रानीपोखरीको उत्तर जनरल प्रतापशमशेरको जग्गा) मा करिब सय जनाको बस्ती त्यही हिसाबबाट बन्यो। १/२ जङ्गलबाहेक डाँडाभाटा काट्नका लागि सरकारी वनहरू दुनियाँका लागि खोलिए। गाउँ-गाउँमा पराल भएकाले छाप्रा चाँडै बने। तर, सहरमा केही कठिन पर्न गयो। पराल भकारीको भाउ धेरै बढ्यो। कर्कटपाता, कपडा र टार्पोलियनहरूको छत गरी बसे। हप्तादिन जति बितेपछि आआफ्ना पक्की बासपट्टि दृष्टि दिन थाले। घर चाँडै बनाउन

नसक्नेहरूले टहरो वा बलियो छाप्रो बनाउन थाले। घर मर्मत गर्नेहरू घरतिर लागे, परन्तु त्यस्ताको गिन्ती बहुतै कम थियो।

बासपछि खानाको हाहाकार पनि आयो। घरले धेरै अन्न पुरिएको र बाहिरबाट पनि अन्न आउन कठिन देखिएकाले अन्नको भाउ ज्यादै बढ्न गयो। फेरि गाउँतिर कूत तिर्ने बखत भएकाले धेरैका घरमा धान, मकै जम्मा भएको थियो। घरले पुरिई धेरै अन्न नोक्सान भयो। कूत बुझाइनसकेका रैतीहरूलाई दोहोरो आपत पऱ्यो।

तसर्थ राजधानीभित्रका गाउँमा र पहाडमा समेत रैतीलाई अन्न विशेष कष्ट पर्न गयो। भएको अन्नमा माटो लागिहाल्यो, किनूँ भने पनि पैसा छैन। कस्तो आपत पऱ्यो होला! पैसा भएका सहरबासीलाई त ३/४ दिनसम्म कठिन पऱ्यो भने उनीहरूको कस्तो हालत भयो होला! विचार गर्न सकिन्छ।

अनिकालको डरले सबैले थोरै खान थाले। धेरैजसो गाउँलेले मकै, भटमास खाई पेट पाल्न थाले। पछि-पछि पुरिएका चामल माटोबाट केलाई पेट पाले। सरकारी गोदामबाट केही दिनका लागि धान कुटाउँदै दुनियाँलाई चामल बेचियो। त्यस काममा अफिसरहरू खटिएका थिए, जथाभावी नबेची दरकार परेकोसम्म मात्र बेच्ने प्रबन्ध भयो।

साहु-महाजनहरूको पुरिएको अन्न झिक्न र सो अन्न दुनियाँलाई बेच्न पल्टनियाँ अफिसर र सिपाही गई मद्दत दिए। धान कुट्ने कल हुनेहरूलाई ठाउँ-ठाउँमा खोल्न लगाइयो। अन्नको कमी भएको बखतमा झन् उल्टो बालकदेखि बूढासम्म सबैको भोक जाग्यो (खुलामा बसेर हो वा केले हो ईश्वर जाने)। त्यस बखत यस्तो हुनु दशाजस्तै भयो। कोही कोही साहु-महाजनले अन्न लुकाएर भाउ बढेकाले "साहु-महाजनले यस्तो बखतमा ज्यादा नाफा लिन हुँदैन, साबिककै दरमा अन्न बेच्नुपर्छ, अन्न लुकाउन पाउँदैनन्, नत्र सजाय हुन्छ" भन्ने इस्तिहार जारी भयो।

साथै किन्नेहरूलाई चाहिनेजति मात्र बेच्ने गरियो, नत्र पछि महँगोमा बेच्नका खातिर एउटैले पनि धेरै किन्ने सम्भावना थियो।

बिजुलीको पावर हाउस र रोपवेले ७ गतेदेखि पूरा काम दिन थाले। मधेसबाट अन्न आउन सक्यो। फेरि केही दिनसम्म अन्न सिवाय अरू केही माल पनि ल्याइएन। त्यसले गर्दा अन्नको दु:ख हरायो र साहु-महाजनलाई पनि साबिकको मोलमा बेच्न कर लाग्यो। उनीहरूले अवस्थाको फाइदा उठाई ज्यादा नाफा लिन पाएनन्।

रोपवेले निकै ठूलो काम दियो। सो रोपवे मेरो जिज्यूबुबा श्री ३ चन्द्रशमशेर जबराका पालामा खुलेकाले दुनियाँले कृतज्ञतासाथ उहाँको नाम सम्झे।

यो पहिलो हप्तासम्मको कृत्य हो। परन्तु गाउँ-गाउँमा भने १५/१६ दिनपछि मात्र बेच्न पठाउने प्रबन्ध भयो। ठाउँ-ठाउँमा अन्नादिहरू लरीबाट लगियो, तर बाटो बिग्रिएकाले टाढा-टाढा गाउँमा पुऱ्याउन मुस्किल भयो। पहाडतर्फको त कुरै छाडौं।

सहरका गरिबलाई सरकारका तर्फबाट सिधा बाँड्ने प्रबन्ध भयो। स्वयम्सेवकहरूले समेत यस्ता धेरै भोका गरिबलाई मद्दत दिए। तर, गाउँतिरका गरिबहरूले केही दिनपछि मात्र सिधा पाउने बन्दोबस्त भयो।

तीन सहरभित्रका धारा र पाइप समेत ठाउँ-ठाउँमा बिग्रेकाले पानीको पनि केही दु:ख पर्न आयो। खास गरी माघ ४, ५ गतेले त डरलाग्दो स्वरूप लेलाजस्तो भयो, तर मुख्य रिजर्भ्वायर (पानीको मुहान) हरूमा विशेष नोक्सान नभएकाले चाँडै मर्मत हुन सक्यो। तर, पानी केही कम नै भएकाले दिनको दुईपटक मात्र छाड्ने बन्दोबस्त भयो। पहिलोपटकको हाहाकारमा पानी नपाउँदा कुवा र पोखरी समेतबाट पनि पानी खान थाले। सद्दे रहेका धारामा ज्यादा भीड हुन्थ्यो। हप्तादिनपछि सोपट्टि डर हराउँदै गयो। तर, सहरमा भन्दा पनि गाउँ-गाउँमा त्यस विषयको

बढी सङ्कट देखियो। त्यहाँ कुलो र कुवाबाट पानी खान्थे। परन्तु भूकम्पले धेरैजसो कुँवा बिगारिदियो र कुलोहरू घरका थुप्रोले पुरिए। ढुङ्गेधारा नजिक भएका ठाउँमा त केही सुबिस्ता भयो, तर कुवा मात्र भएका ठाउँमा पानीको ज्यादा हाहाकार पर्न गयो। टचुबवेल पनि जगेडा नभएकाले केही मद्दत पाएनन्। ज्यान थाम्नका लागि मैला पाखेरीको पानी पनि पिए। जब २/३ महिनापछि कुवा र कुलो सफा पार्न सकियो, अनि मात्र पानीको सङ्कट हरायो।

पेट्रोल (मोटरकारको तेल) को मौज्दात कम भएकाले जथाभावी खर्च हुन नपाओस् भनेर पहिलो अवस्थामा सरकारले त्यसउपर पनि दृष्टि दिनुपर्‍यो।

खास गरी पहिलो हप्ताभित्र आत्तिएका दुनियाँहरूमा आज यस्तो हुन्छ, भोलि यस्तो हुन्छ भनी अनेक किसिमका फटाही-हल्ला पनि उड्न थाले, पत्यार पनि पर्न थाल्यो। आत्तिएको मनमा नराम्रो कुराको असर पर्न केही बेर लाग्दैन। त्यसैले आत्तिएका जनताका मनमा शान्ति दिलाउन जरुरी देखियो। पल्टनियाँ सिपाहीहरूले आफ्ना घर सम्झेकाले तिनीहरूलाई पनि धैर्य र उत्साह दिन आवश्यक थियो। सो काम प.क.ज. (हाल चिफ) पद्मशमशेर जबराबाट राम्रोसँग भयो। “हामी गोर्खाली सिपाही हौं, लडाइँ र यस्तो बखतमा धर्म छाड्न हुन्न, अर्काको उपकार र उद्धार गर्नुपर्छ, अहिलेको परिश्रमले पछि पुण्य मिल्छ, आफ्नो इज्जत र गौरव नफ्याँक” जस्ता दिलासा र उत्साहप्रद वचनबाट धेरै उत्साह उत्पन्न गराइबक्स्यो। त्यस बखत टुँडिखेल जम्मा हुने मुख्य ठाउँ थियो। सब स्पिच त्यहींको खरिको बोटबाट हुन्थे।

५/६ दिनसम्म हररोज यो उत्साह दिने उपाय चलिरह्‍यो। त्यस बखत लोकलाई उत्साह दिलाउन बुद्धि र परिश्रमको विशेष दरकार पर्‍यो। जातिको महत्त्व, जापानको यस्तै दशा, आफ्नो कर्तव्य र ईश्वरको

भरोसा इत्यादि विषयमा बखत-बखतमा दुनियाँलाई बोध गराउने उपाय भयो। त्यस्ता वचनहरूले मानिसको मनमा धेरै सान्त्वना दिलाए।

चोरी, लुटपिट हुने बढ्दा सम्भव यस्तै मौकामा हुन्छ। बढ्ता चोरी हुन लाग्यो। सहरमा मात्र होइन कि गाउँ-गाउँमा समेत चोरहरूले शिर उठाउन थाले। दुनियाँहरू भने कानुन माफिक रहे, परन्तु चोरहरूले गर्दा झन् बढ्ता अतास पर्न गयो। भूकम्पको दिनैदेखि ठाउँ-ठाउँमा पालो थप र सहरमा पुलिसको कडा चेवा र कडा रमन हन लागेको थियो तापनि माघ ५ गतेदेखि सहरको मुख्य-मुख्य डचौडी, बस्ती, धनमाल धेरै भएका ठाउँमा सिपाहीलाई बन्दुक, गोलीगट्ठा दिई अखडा राखिए। साथै लोकरक्षाको खातिर "जङ्गी कानुन" पनि जारी भयो-

१) खास चोर वा शङ्काका चोर जस्ता भए पनि साबिकको इन्साफ पाउने छैनन्।

२) त्यस दिन (माघ ५) देखि बेलुकाको ८ बजेभन्दा अघि र बिहान तोप चलेपछि मात्र घरबाहिर निस्कन पाउने। सो टाइमभन्दा ढिलो वा अगाडि बाहिर भेट्टाए कडा सजाय हुनेछ।

३) चोरलाई मारिदिए बात लाग्दैन।

४) पिकेट (अखडा) का सिपाहीलाई "शङ्का परेको मानिसलाई तीनपटक सोध्नू, केही जवाफ दिएन वा भाग्न लाग्यो भने पक्रने कोसिस गर्नू, सो नसके गोली पिलाई मारिदिनू" भन्ने उर्दी भयो। जर्नेल, भारदार, अफिसर जजसको बन्दुक थियो उनीहरूका घरमा पनि चोरलाई मारे बात लाग्दैन भन्ने उर्दी जारी भयो।

काठमाडौं सहरभित्र मुख्य दोबाटोलगायत ठाउँ-ठाउँमा जम्मा ७२ पिकेट थिए। काठमाडौंभित्रको यो पिकेट बाँड्ने काममा ४ डोर गरी डोरैपिच्छे १-१ अफिसर तैनाथवाला गरी राखिए। पछि क्रमैसँग पिकेटको गिन्ती घटाउँदै लगी वैशाख १० गतेसम्म सबै पिकेट झिकिए।

पाटन-भादगाउँमा पनि त्यहींकै ब्रिगेडबाट काम चलाइयो। त्यसमाथि राति रमन घुम्नलाई थप अफिसर सिपाही खटिए। राणाजी अफिसरहरू पनि भादगाउँ, पाटनलगायत गाउँमा राति-राति पेट्रोल (रमन) को काममा खटिए। अखडा-अखडाका र दरबारका पालेहरूले बीच-बीचमा चोरउपर गोली चलाए। कोही नमारिए पनि काठमाडौं सहरमा मात्र करिब २०/३० जना चोर पक्राउ परे। यी चोरमध्ये एउटा सिपाही पर्न आयो। त्यसउपर फौजले गरेको घृणा हेर्नलायक थियो। त्यस चोरको दाइलगायत धेरैले त्यसलाई ज्यानको सजाय दिनुपर्छ भनी जिकिर गरे। चोरहरूलाई ल्याई खुला टुँडिखेलमा कोर्राले पिटिन्थ्यो। वास्तवमा फुन्डचाउने इरादा थिएन तापनि नसियतका लागि "फुन्डचाउने बखत नआएसम्म ज्यालखानामा थुन्नू" भन्ने उर्दी हुन्थ्यो। यस्तो दण्ड बखत हेरी मनासिव हुन्थ्यो- असाधारण अवस्थामा असाधारण कारबाहीको आवश्यकता परिआउँछ। यस्तो कारबाही र कडा पालोपहराको फल बहुतै असल भयो। चोरी एकदमै घट्दै गएकाले दुनियाँको आत्तिएको मनमा आधार हुन थाल्यो। यसरी शान्ति मिलेकाले सरकारउपर तिनीहरू कृतज्ञ भए।

चोटपटक लागि घाइते हुने धेरै भए। अस्पतालमा समेत नोक्सान पर्न गएकाले घाइते बिरामी पाल वा छाप्रामा राखिए। जनाना अस्पतालमा सुत्केरी राख्न एक बेग्लै ठाउँ छुट्टचाइएको थियो। गाउँ-गाउँतिर औषधि दिन घोडा चढी डाक्टर कम्पाउन्डर गए। राजधानीभित्र ठाउँ-ठाउँमा गरी जम्मा ४ र बनेपामा १ गरी ५ अस्थायी अस्पताल खडा गरियो। पल्टनियाँ कम्पाउन्डरहरूलाई प्रथम चिकित्साको निम्ति औषधि-पट्टी दिई राजधानीभित्रका गाउँ र नजिक-नजिक पहाडतर्फ सदरैबाट पठाइयो। प्रथम चिकित्सा गर्ने काममा स्वयम्सेवकहरूबाट पनि बेस मद्दत भयो। त्यसमा थप कोही कोही भूकम्पसेवकहरूले अस्पतालहरूको काममा पनि सहायता दिए। राजधानीभित्रमा करिब १४ हजार मानिसको औषधिउपचार भयो।

त्यस बखत मानिसहरूको बास र खानाको केही ठेगान नभएकाले केही रोग (खास गरी हैजा, टाइफाइड) फैलिएला भन्ने डर र सम्भव थियो। सहरलगायत सबै ठाउँमा मैला पोखरीको पानीले काम चलाउन थालिएकाले झन् डर भयो। सो डर निवारण गर्नका लागि कुवा र पोखरीमा औषधि (पोटास) हालियो। डाक्टरहरूलाई सहर सफाइ जाँचमा पठाइयो, दुनियाँको टट्टीमा औषधि हाल्न लगाउने इत्यादि बन्दोबस्त भयो। यी काम अस्पताल र म्युनिसिपल अड्डा मिली गरे। त्यस बखत केही रोग फैलिएको भए धेरै ज्यानको नाश हुन जाने मात्र होइन कि, दुनियाँमा ज्यादा अतास पनि पर्न जाने थियो। फाटफुट बिरामी हुन्थे तापनि केही रोग उठेन, यसैको निम्ति हामी ईश्वरलाई धन्यवाद समर्पण गर्दछौं।

बाहिरपट्टिको पहिला खबर माघ ७ गते राति बेतार कलबाट सुनियो। बिजुलीको पावर हाउसमा केही नभएकाले बिजुलीको इन्जिनियर आर किल्वर्नले करेन्ट ल्याई आफ्नो बेतार कलबाट बाहिर मुग्लानपट्टिको खबर दिए। सो खबरबाट हिन्दुस्थानको पूर्वउत्तर खण्ड (अर्थात् बिहारको उत्तर भाग मुजफ्फरपुर, मुङ्गेर, दरभङ्गाहरू) मा ज्यादा नोक्सान भएको थाहा भयो। त्यसबाट नेपालको पश्चिम भाग बचेको छ भन्ने अन्जाम गरियो। सो खबर पाउँदा धेरै आधार भयो। त्यस दिनदेखि दिनैपिच्छे २-३ वटा बेतार कलबाट खबर टिपियो। तर, यहाँबाट खबर पठाउने केही कल नभएकाले धेरै दिनसम्म अरू बाहिरियालाई हाम्रो देशको खबर लुक्न गयो। पहाडतर्फको खबर पनि चाँडो आउन सकेन। नजिक १ नम्बरसम्मको माघ ४ गते र अरु ३, ४ नम्बरको ७ गतेसम्म मानिसद्वारा खबर आउन थाल्यो। माघ १२ गते (अर्थात् भूकम्प गएको १० दिनपछि) मात्र श्री ३ कहाँबाट बडापत्र आयो। सो खबर भोलिपल्ट जङ्गी निजामती अफिसरहरू जम्मा गरी श्री चिफबाट पढी सुनाइबक्स्यो। सवारीबाट पठाइबक्सेको हजुरिया क. इन्द्रबहादुर

१० गते वीरगञ्ज आइपुगेकाले उसबाट सवारी र बीच बाटाको पूरा हालखबर थाहा पाइयो। वीरगञ्जबाट मानिसद्वारा पठाएको यहाँको पहिला खबर श्री ३ कहाँ माघ ६ गते मात्र पुगेछ। त्यस बखत पश्चिम सिमाना महाकालीमा सवारी थियो। माघ १५ गतेपछि क्रमैसँग साबिकको जस्तो हिन्दुस्थानबाट चिठी तारको आवतजावत हुन थाल्यो, राज्यका टाढा-टाढा जग्गाबाट पनि हुलाकद्वारा खबर आउन थाल्यो।

भूकम्पले सडकहरूमा चिरा-चिरा पर्न गयो। भादगाउँ, साँखु, चापागाउँ, गोदावरीतिर मोटर चल्न नसक्ने भयो। तर, मुख्य-मुख्य पुलमा थोरै मात्र नोक्सान भएकाले भादगाउँ र साँखुको सडकमा माघ ६ र ९ गतेतिर देखि मोटर चल्ने भये। भीमफेदी-वीरगञ्जको बाटोमा केही नोक्सान नभएकाले मोटर चल्न बन्द भएन। अरू पहाडको बाटो खालि मानिस वा घोडा मात्र चल्ने भएकाले ठाउँ-ठाउँमा पहिरो गए पनि आवतजावत र हुलाकलाई विशेष बाधा पर्न गएन। राजधानीका तीन सहरभित्रका सडकहरू भत्केका घरको थुप्रो र रासले पुरिएका थिए। सो सफा गर्ने काम पछि भर्तीबाट भयो। काठमाडौं र पाटनभित्र ३०-३५ दिनपछि र भादगाउँमा करिब ५०-६० दिनपछि मोटर बग्गी चल्ने भयो। बिजुलीको मुख्य घर केही नभएकाले माघ ७ गते काठमाडौंका केही सडकमा बिजुलीबत्ती आयो। त्यसको २-३ दिनपछि नै सहरबाहिरका घर र दरबारहरूमा बिजुली अड्डाका मानिसले जाँची बिजुलीबत्ती बाल्नका लागि हेरी-हेरी करेन्ट छाडिदिए। टुँडिखेलमा रहेका अस्पताल र पसलमा पनि माघ १२ गतसम्ममा बिजुली जोडियो। तर, सहरभित्र भने १ महिनापछि मात्र साबिकबमोजिम भयो।

स्वयम्सेवक दलहरूबाट पनि राम्रो सेवा र उद्धार भयो। दाम, अन्न उठाई गरिबलाई बाँडिदिने, घाइतेको औषधि गर्ने इत्यादि अनेक किसिमको सेवा भयो। भूकम्प सेवक (रिलिफ वर्कर्स), महाराजा सर्भेन्ट सोसाइटी, जुद्ध सेवा सम्मेलन गरी तीन दल थिए। तिनीहरूमा नेपाली,

विदेशी दुवै थरि थिए तापनि बढ्ता नेपाली नै थिए। यस्तो विषयमा स्वयम्सेवकको सेवा पहिलो हो तापनि तिनीहरूबाट खुब राम्रो सेवा र काम भयो। पछि श्री ३ बाट पनि तिनीहरूको कामको निम्ति धन्यवाद प्रकट गरिबक्स्यो।

भूकम्पको पहिलो झोक्काको समय अद्भूतको थियो। हरेक मिनेट डरलाग्दो थियो। दु:खीको उद्धार होस् भन्नाका लागि जे परिआए पनि खुसीसाथ मेहनत गर्ने बखत थियो। परस्परमा मद्दत गर्दाको फाइदा र दरकार पनि त्यसै बखत देखियो। कोही कोही जर्नेल, अफिसर, सज्जन र सिपाहीको मेहनत प्रशंसालायकको थियो। तर, हरेकको बहादुरी विषमया भिन्न-भिन्न गरी लेख्नलाई यो सानो लेखमा ठाउँ नभएकाले नलेखेको हो। मौकाअनुसारको परिश्रमबाट दुनियाँको मनमा भरोसा र भक्ति बढ्न गयो। त्यस बखत अफिसर तथा फौज, सिपाहीको एउटा ठूलो जाँचको समय थियो। श्री पशुपतिनाथको कृपाले सो जाँचबाट राम्रैसँग उत्रे।

श्री ३ महाराजको फिर्ती सवारी

श्री ३ महाराजको सवारी त्यस बखत पश्चिम महाकालीमा थियो। त्यहाँ पर्न गएको असर यहाँ लेख्नु प्रसङ्गविरुद्ध परोइन। तपसिलको बयान त्यहाँ गएकाहरूको बयानबाट चुनेर लेखेको हुँ-

माघ २ गतेको केही दिन अगाडिदेखि नै सिकारमा खडेरी पर्न थाल्यो। पुस ३० गते खाली पर्‍यो, माघे सङ्क्रान्तिमा पनि दुई मुजूर मात्र मरे। माघ २ गते (उही भुइँचालो गएको समय) सवारी सिकारमा थियो। हात्तीमा सवार गरेकाहरूले धक्का अलिकति पनि थाहा पाउन सकेनन्। क्याम्पमा बस्नेहरूले भुइँचालोको पूरा चाल अनुभव गरे पनि उतातिर यहाँ गएको जस्तो ठूलो नभएकाले घरतिरको सोधपुछलाई श्री ३ महाराजबाट तार त पठाइबक्स्यो, तर यत्रो दुर्घटनाको धेरैलाई सपना पनि थिएन। १/२ दिनपछि बिहारतिरको कुसमाचार आउन लाग्यो। अनि नेपालको पनि अनिश्चित दशाको सपना देखिन लाग्यो, आकाशको अनुहारै नराम्रो सुज्न लाग्यो। माघ ६ गते साँझतिर पहिला तार तथा खबर पुग्यो।

माघ ७ गते श्रीपञ्चमीको दिन श्री ३ महाराजबाट “हाम्रो उहाँ ठूलो भुइँचालो गएछ। धनजनको धेरै नोक्सान भएछ... नहडबडाऊ, रेल पनि बिग्रेको छ... म त छोटकरी हिसाबले चाँडै उहाँ पुग्न सक्थें, तर मेरो सवारीसाथ आएका सबैलाई भुटभुटिएको मनमा पछि छाडेर आफू मात्र अगाडि जान चाहन्न... उता पुगेपछि जो चाहिँदो बन्दोबस्त गर्नेछु... धन्दा नमान” भनी फौजलाई हुकुम भयो।

माघ ९ गते काली तटको ढकनाबाघमा मण्डप खडा गरी विधिपूर्वक १ हजार गाई दान भयो, जुन पुण्य भुइँचालोमा मरेकाको

उद्धारलाई बक्सेको कुरा श्री ३ महाराजबाट बक्सेको वक्तव्यमा परेको यस पुस्तकमा लेखिएकै छ ।

मुग्लानपट्टि रेल पुल भत्केकाले केही दिनसम्म श्री ३ महाराजको सवारी महाकालीमै रोकियो । रेल्वे कम्पनीहरूले सवारी चाँडै फिर्न सकोस् भन्नका लागि बाटो मर्मत गर्ने काममा र स्पेसल रेल पुऱ्याइदिने काममा खुब दिल दिएका थिए तापनि जोड्दा-जोड्दै केही दिन लागेकाले माघ १५ गते मात्र त्यहाँबाट यसतर्फ सवारी रमाना हुन पायो । सवारीको बन्दोबस्त मिलाउने मेरा बुबा ज. (हाल पु.क.ज.) बबरशमशेर जबरा होइबक्सन्थ्यो । सवारी फिरेको तपसिलको बयान गोरखापत्रमा लेखिएको थियो-

"माघ २ गतेको घटनाको खबर सवारी नयाँ मुलुकका बीचमा होइबक्सेको बखतमा पुगेछ । तुरुन्त सो ठाउँबाट मुलुकका सिमाना सवारी भइबक्सिई यहाँ फिरिबक्सने कोसिस भएछ, तर बिहार प्रान्तमा पनि यस भुइँचालोले ज्यादै बिगार गरेकाले रक्सौल-वीरगञ्जमा सवारी हुने बाटो बिल्कुल बन्द भएको रहेछ । तसर्थ रेलको अर्कै बाटो सवारी भई नारायणी नदी पनि साधारण डुङ्गाबाट तरिबक्सी कष्टको परवाह नराखी भिकनाठोरीमा हाम्रो मुलुक टेकिबक्सेछ । बाटामा वीरगञ्जमा पनि सवारी भई मोटरबाट उत्रिबक्सी भत्केका ठाउँ एक-एक गरी नजर भई त्यहाँका साहु-महाजन, बासिन्दालाई आश्वासन, प्रोत्साहन बक्सिएछ ।"

सवारी वीरगञ्ज पुगेदेखि फोनबाट दिनैपिच्छे यहाँ कुरा हुन्थ्यो । पहाड, मधेसतर्फ दौडाहा जाँच गर्न गएका जर्नेल, कर्णेलहरूलाई "पीडितोद्धारकको काम गर्न त्यहीं १/२ महिना बढ्ता बस्नू" भन्ने उर्दी पनि गयो । पल्टन, फौज साथमा लिई सवारी भएकाले माघ २२ गते नेपाल राजधानीमा सवारी आइपुग्यो । दुनियाँलगायत सबै सरकारी कामदारले उहाँको खुब सत्कार गरे । सरासर टुँडिखेलको खरिको बोटमा

सवारी भई तपसिलको स्पिच बक्स्यो-

"भाइ हो !

बढा अफसोचको कुरा छ कि मैले कस्तो नेपाल छाडेको थिएँ, अहिले कस्तो देख्नुपऱ्यो । के लाग्यो, दैवी विपत्तिलाई सहनै पर्दो रहेछ । उनको लीला अपार छ । यो भयानक भूकम्पले बिहार प्रान्तमा पनि मोतीहारी, मुजफ्फरपुर, मुङ्गेर आदि धेरै सहर नाश हुन गए, बाटो पनि जताततै बिग्री रेलसमेत बन्द हुन जाँदा आउन पनि ढिलो हुन गयो ।

यत्तिकै नभए पनि यस्तै विपत्ति ठिक सय वर्ष अगाडि नेपालले भोगेको थियो । उस बखतमा पनि हजारौं घर नाश हुन गई धेरै दिनसम्म साराले छाउनी र अरू यताउतिको मैदानमा बस्नुपरेको थियो । त्यस बेलामा बिग्रेको सहर, बस्तीको जीर्णोद्धार गरी फेरि जस्ताको त्यस्तै गराए फैं अहिले हामी सबैले हिम्मत नहारी उत्साह बढाई भएको नोक्सान चाँडो मेट्ने उपायमा तन, मन, धन लगाउनुपर्छ ।

हाम्रो यहाँ त कहिलेकाहीं मात्र ठूलो भूकम्प हुने हो, जापानमा बारम्बार गइरहन्छ तापनि जतिपल्ट बिग्रियो उतिपल्ट पुरानो सहर जीर्णोद्धार गरिहाल्छन् । त्यस्तै हामी पनि उत्साह बढाई अगाडि बढ्नुपर्छ, पछि हट्नु हुँदैन ।

अहिले यहाँ धेरैजसोले पाल, छप्पड, मैदानमा बास गरी निर्वाह गर्नुपरिरहेको छ । क्या छोटा क्या बडा, प्रायः सबैको यही हाल छ । 'ज्यू ज्यू परे अवस्था त्यौं त्यौं सहे शरीर ।'

यस अवस्थामा मैले गर्नुपर्ने गरिरहेकै छु । अब पनि गरी हुनेसम्म गर्न बाँकी राख्ने छैन । यस्तो विपत्तिको अवस्थामा पहिले गर्नुपर्ने खाने-पिउने, बस्ने ठाउँको प्रबन्ध मिलाउनुपर्ने जस्तो हाम्रो आसय थियो, त्यस्तै कमान्डर इन चिफ, जङ्गीलाठ, दक्षिणतर्फ लगायत भाइ, छोरा, भारदार, अफिसर-पगरी, जङ्गी, निजामती सबैले बखतअनुसार बन्दोबस्त

मिलाई काम गरेको सुन्न पाउँदा हामीलाई सन्तोष लागेको छ। यसमा तिमीहरू सबैलाई धन्यवाद छ।

खेतीपातीमा एक जनाले अर्काको काम सघाउने मद्दत गर्ने चलन हाम्रा रैती दुनियाँमा चलिरहे झैं यो दुर्घट अवस्थामा पनि सबैको हितका निम्ति परस्परको मद्दत र उपकारमा दिल झुकाउनुपर्छ।

धैर्यधारण गरी उत्साह बढाई, सहयोगमा लागी काम गरेको पक्षमा चाँडै दुःखको शमन नभई छाड्ने छैन। साहु-महाजन, व्यापारीले चीजवस्तुको भाउ नबढाई सर्वसाधारणलाई चाहिने दरकारी चीज पुऱ्याइदिने, ज्यामी, ज्यालादारी, सिकर्मी, डकर्मी, कालिगढहरूले ज्याला मजदुरी नबढाई मेहनत र इमानदारीसाथ काम गरिदिने र बलियाले निर्धाको हेरचाह र हारगुहार गरिदिने इत्यादि यी सबै सहयोगपट्टिकै काम हुन्। ठस्सा भडकतिर नलागी एक जिउ भई सहयोगमा लाग्यौ भने यो दुर्घटनाको असर चाँडो मेटिन जाने मात्र होइन कि हाम्रो यो प्यारो जन्मभूमि नेपाल झन् उचो पदमा चढ्न जानेछ, अहिले कुराभन्दा कामको बेला हो। अरूलाई परेको दुःख आफूलाई परेजत्तिकै सम्झी हामी सबैले कामपट्टि लाग्नु उचित छ।

विपतकालमा धैर्य गर्नु भन्दछन्। धैर्य गर, नहडबडाऊ, एकचित्त भई काम गरेपछि परमेश्वरले हाम्रो मनोकाङ्क्षा पुऱ्याइदिनुहुनेछ।

दुर्घटनामा अकाल मृत्यु भएका प्यारा ती प्रजालाई सम्झँदा मन झन् साह्रै रुन्छ। यसपालि महाकालीको तीरमा मैले सहस्र गोदान गरेको पुण्य तिनीहरूलाई दिन्छु, त्यस धर्मको प्रभावले तिनीहरूको परत्र सुध्रियोस्।

पश्चिमपट्टि त विशेष केही भएको खबर छैन। पूर्वतिर भने जोडसँग भूकम्प भएको हुनाले तिमी पूर्विया जङ्गी निजामती दुवै थरि जागिरदारहरूलाई घरको धन्दा लागेको होला, घरबिदामा कट्टी नहुने गरी १० दिन घर बस्न बिदा बक्सेको छु, यिनीहरू फर्केर आएपछि

जरुरी भएका पश्चिमपट्टिकाले पनि बिदा पाउनेछौ ।

मैले पल्टनतर्फ ब्यारेक खडा गरेर सिपाहीहरूलाई सुबिस्ता गरूँला, मुलुकमा पनि बन्द व्यापार बढाई कलकारखानाबाट पूरा तवरले यस मुलुकको उन्नति गरी तिमी दुनियाँहरूलाई सुखसुबिस्ता दिलाऊँला भन्ने ठूलो उमेद लिएको थिएँ, तर के गर्नु ? हेर ।

'मनसा चिन्तितं चान्यत् अन्यद्वै दैवचिन्तिम्'

'ईश्वरको यस्तै इच्छा रहेछ, मेरो इच्छा पूर्ण हुन पाएन किनभने अब त मैले यही बिग्रेको कुराको सुधार गर्ने काममा तन, मन र जन समेत लगाउनुपर्ने आवश्यक पर्न आएको हुनाले म त्यस कुरामा लागिरहेको छु । अब तिमीहरू सबैले त्यसै कुरामा आफूले गरी हुने कुरासम्मको सहायता गर्‍यौ भने यो बिग्रेका कुराको चाँडै सुधार हुन आउला भन्ने मैले ठूलो उमेद राखेको छु ।"

अनि भूकम्पका बेला काम गर्नेहरूलाई आफ्नो धन्यवाद प्रकट गरिबक्स्यो । सवारी फिरेको भोलिपल्ट नै काठमाडौं, पाटन सहर र बस्तीहरू नजर भयो । ३-४ दिनपछि धमाधम पीडितोद्धारको कामका लागि के गर्ने भनी छलफल सुरु भयो । बाटोमा फिर्दा आफैंसँग ल्याइबक्सेको रग कम्बलहरू पनि राजधानीभित्रका गरिबहरूलाई बाँड्न लगाइबक्स्यो । ठाउँ-ठाउँमा सवारी भई आफैंबाट पनि दाम र रगहरू बाँडिबक्स्यो । तिनीहरूलाई सिधा बाँड्ने काम (जुन भूकम्पको केही दिनपछि सुरु भएको थियो) मा भाइ छोराहरूलाई समेत खटाई बाँड्न लगाइबक्स्यो । भूकम्पको नोक्सानको उद्धार र पीडितहरूको सहायता कसरी गर्ने भन्ने छलफल चलिरह्‍यो । साथै, घर नभएकाहरूलाई छाउनीमा बस्नका लागि टहरो (छाप्रो) बन्न थाल्यो, अरू ठाउँमा पनि धेरैले बनाए । सो बनेपछि टुँडिखेलका बासिन्दा त्यहाँबाट एक-एक गरी क्रमैसँग गए । १५-१६ दिनपछि त खाली पसलहरू मात्र बाँकी रहे । तैपनि छाउनीमा बस्ने

थोरै मात्र भए। धेरैजसो टहरा खाली नै रहे। खुलामा बस्न हाम्रा दुनियाँमा रुचि हुनेहरू पनि घरबारको समेत हेरविचार गर्नुपर्ने हुनाले सकस सहेर पनि धेरै बरु छिँडीमा भए पनि गुजरान गर्न तम्से। तर, अफिसर, सिपाहीलगायत धेरै नै पछिसम्म पनि भूकम्प-काजमा खटिएका थिए। सो काम अझ पनि चलिरहेकै छ। पाटन, भादगाउँको ब्रिगेडमा पनि सोहीबमोजिम काम भयो। फागुन १ गते शिवरात्रिको बढाइँ भयो, तर भत्केका घरहरूको यस्तो हालत थियो कि धेरै आवाजले पनि बढ्ता भत्कन जाने देखिएकाले कम राउन्ड दिई साना-साना तोप र थोरै बन्दकुबाट बढाइँ गर्ने काम भयो। त्यसपालिको शिवरात्रिलाई नेपाल नआउन विदेशीलाई मनाइएकाले भीड कम भयो। तिनीहरूलाई आउन दिएको भए बस्ने ठाउँ दिन सकिँदैनथ्यो, रोग बढ्ने पनि सम्भावना थियो। यस्तो मनाइ नभएको धेरै वर्ष भएको थियो तापनि त्यस बखत आवश्यक नै थियो।

देशदेशावरका ठूल्ठूला सज्जनबाट सहानुभूतिको चिठी र तार आयो। अङ्ग्रेज सरकार र विदेशी पीडितोद्धारक दलहरूले सहायता दिने इच्छा प्रकट गरे। परन्तु यी सबलाई धन्यवाद दिई “अहिले सहायताको दरकार छैन” भनी जवाफ गयो।

गर्नुपर्ने कामको विचार र छलफल भएपछि ‘भूकम्प पीडितोद्धारक संस्था’ भन्ने एक अड्डा खुल्ने भयो। १९८० सालमा जापानमा गरेझैं गरिब भोकालाई खुवाउने, सापटी दिने, घर बनाउने, अस्पताल र म्युनिसिपलिटीतिर हेर्ने इत्यादि बेग्लाबेग्लै विभाग खडा गरी हरेक विभागको जिम्मा मुख्य १-१ अफिसरलाई दिने भन्ने कुरा पनि चल्यो। तर, यस्ता प्रबन्धको सट्टा राजधानीभित्र ३ मुख्य र ११ साना डोरहरू खडा गरी हरेक डोरपिच्छे १-१ तालुकवाला रही सबै विभागको जिम्मा लिई काम गर्ने र त्यहाँ चाहिएको मद्दत प्रत्येक फाँटबाट लिने गरी राख्ने ठहरियो। खडा भएको भूकम्प पीडितोद्धारक संस्थाद्वारा भूकम्पसम्बन्धी गैह्र

पहाड मधेसको समेत निकासा दिने बन्दोबस्त गर्ने काम हुन थाल्यो।

यो संस्था र पीडितहरूका लागि "रिलिफ फन्ड" खोलिबक्सन र आशा गरिरहेका दुनियाँलाई आफ्नो उदार हृदय थाहा दिइबक्सन "फागुन १८ गते खरिको बोटमा पल्टन, जङ्गी निजामती अफिसरहरू सबै जम्मा हुनू" भन्ने उर्दी भयो। भूकम्पको बखत स्वयम्सवेक भई काम गरेका मानिसलाइ पनि "त्यहाँ आउनू" भन्ने उर्दी भयो। यिनीहरूलाई दुई खण्डमा बाँडी अगाडिपट्टि राखिए। पहिलो खण्डमा मैले जम्मा गरेका विद्यार्थी, मास्टर र अरू समेत गरी भूकम्प सेवकहरू करिब ५० जना थिए। सो गठको मुख्य काम गर्ने हेडमास्टर रुद्रराज पनि त्यहीँ थिए। दोस्रो खण्डमा एकाउन्टेन्ट हनुमानप्रसाद कायस्थले जम्मा गरेको 'महाराजा सर्भेन्ट सोसाइटी' का र 'जुद्ध सेवा सम्मेलन' का मारवाडी र नेपाली साहु-महाजन गरी जम्मा ४०-५० जना जति थिए।

स्पिच खत्तम भएपछि यिनीहरूलाई अगाडि बोलाई धन्यवाद प्रकट गरिबक्सी "यिनीहरूको नाम लेखी राख्नू" भनी अह्राइबक्स्यो। यस्तो परोपकारी भूकम्प सेवकहरूको कदर गरिबक्सनु श्री ३ महाराजका लागि स्वाभाविकै हो। पहिला फेर जमेका यस्ता भूकम्प सेवकहरूको कदरबाट दुनियाँमा दु:खीको उपकार र सेवा गर्न उत्साह र रुचि बढ्न जान्छ। सो बखतको स्पिच तल लेखिएको छ-

"भाइ हो, भयङ्कर भूकम्पले हाम्रो मुलुकलाई ठूलो हानि गरायो। प्रजालाई सुख र मुलुकको उन्नतितिरका उपाय उद्योगमा हामी लागिरहिबक्सेको तिमीहरूलाई थाहै छ। बीचमा अकस्मात यस्तो दैवी परिआयो। यसले गर्दा त्यो उन्नतिको उपाय उद्योगलाई केही पछाडि धकेलेको छ तापनि यो परिआएको आपत टारी फेरि त्यो उपाय उद्योगको बाटोमा चाँडै लाग्न सक्ने हुन सकौंला भन्ने दृढ निश्चय मानिरहेको छु।

ग्रहका चालको असरले यस्तो सङ्कट परेको हो भन्ने यहाँ धेरैको

मनमा विश्वास परेको छ। जे होस्, मुलुकलाई यस्तो तरहको आपत अकस्मात आइपरेमा हाम्रो इच्छा, आशय र अर्डरअनुसार भाइ, छोरा, भारदार, अफिसर, फौज, डाक्टर, मास्टर, इन्जिनियर, ओभरसियर, विद्यार्थी र साहु-महाजनबाट पनि पहिले छुट्टै हुनुपर्ने सहायताको काम राम्रो हिसाबसँग हुन जानु बहुतै सन्तोषलायक कुरो हो। आपसमा सहानुभूति र राजभक्ति देखाई काम गर्ने ती सबैलाई धन्यवाद छ।

आपतकालमा आपतकालको धर्मअनुसार हामीले चल्नुपर्छ। त्यस्तो बेलामा हाम्रा अफिसर, सिपाही र स्वदेशी-विदेशीहरूले समेत भत्के बिग्रेका घर, पर्खालले थिचिएका र पुरिएकालाई खोतली, पत्ता लगाई झिक्ने काम गर्दा जिउँदै फेला परेकालाई बचाई, पुनर्जीवन गराइदिई जीवदानको पुण्य लुटेका र झिकी जाँची हेर्दा मरेका ठहरिएका जतिको लाश पन्छाई सद्‌गत गराउने काम गरी तारिफलायकको काम गरेका छन्। त्यस्तो अवस्थामा मुर्दा-छूतको दोष लाग्ने होइन। आपतकालको धर्मको कर्तव्य पालनाले पुण्य मिल्दछ। यसका अनेक दृष्टान्त इतिहास र धर्म-ग्रन्थमा पाइन्छन्। यस्तो ठूलो दैवी परेको बेलामा त्यस्ता तरहसँग आपतकालको कर्तव्य पालन गर्नेहरूको कामको तारिफ म यहाँ खुसीसाथ गर्दछु।

अहिले तीन सहर र चार भञ्ज्याङभित्रका गाउँ-गाउँमा समेत दस फाँट गरी ठाउँ-ठाउँको हेरविचार र बन्दोबस्तलाई पनि खटाइराखिबक्सेको छ। पहाडतिर पूर्वपट्टि गौंडा इलाकाहरूमा पनि हेरविचार र चाहिने बन्दोबस्त गर्नलाई जिल्ला-जिल्लाका अफिसरहरूलाई खटाई, अरू हाम्रा भाइ, छोरा अफिसरलाई पनि पठाइबक्सेको छ।

यो आपत्ति आफू एक, दुई जनालाई परेको जस्तो ख्याल कसैले लिन हुँदैन। देशैलाई परेको सम्झनुपर्छ। बेकामको फजुल कुरा बकबक गर्ने बेला यो होइन। ठूला-साना सबैले आ-आफ्ना गच्छेअनुसार काम गरी

मातृभूमिको दु:ख मोचन गर्ने मौका छ। हरेकले आपसमा बन्धुभावको समझ मनमा लिई परस्पर सहायता गर्ने गर्नुपर्दछ। ठूला-साना सबैबाट हुँदै रहनेछ भन्ने आशा भरोसा मानेको छु।

हाम्रो यहाँ मात्रै भूकम्पबाट आपत्ति पर्न आएको होइन। बिहार प्रान्तमा र हालसालै चीन, अमेरिकातिर पनि यस्तै किसिमको दैवी धन, जन, घरहरूको पनि ठूलो नोक्सान भइरहेको छ।

नेपाल चार भञ्ज्याङभित्र र पहाड मधेसतर्फ पनि पालेको जङ्गल खुला गरी दिइबक्सेकाले बनेका कटेरा, छाप्राहरूमा र टिनका सेडमा सरकारी पालमा पनि धेरैजसोले अहिले निर्वाह गुजारा चलाइआएका छन्। यसरी विपत्तिको पहिलो अवस्था धेरै सम्हालिएर आएको छ तापनि पछिको अवस्थाको ख्याल राखेर सबैले काम गर्दै जानुपर्छ। घर धेरै बिग्रेका छन्, बनाउनुपर्छ।

हाम्रो देशका बासिन्दा परिश्रमी, उत्साही र मेहनत गरेर जीविका गर्ने जाति हुन् भन्ने प्रसिद्धै छ। तिनीहरूले आफ्नो व्यवहारको काम हुनेसम्म आफैं गर्ने गरिआएको देखिएकै छ। पहाडियाहरूले र यहींकाले पनि धेरैजसोले सानोतिनो घर बनाउनुपरेमा आआफैले ढुङ्गा इत्यादिको गारो लाउने, चाहिने काठ, खाँबा, दलिन, मुसी इत्यादि तयार गर्ने र आफ्नै जहान बच्चाले पनि ज्यामी समान भई काम गर्ने गरेको र यस्तै यहाँ पनि डकर्मीको साथै मिली डोले, ज्यामी र अरूले पनि डकर्मीको काम गरेको देखिएकै छ। तिनीहरूले पनि आआफूले जानेको कामबाट अरूलाई मद्दत दिने, आफू, आफ्ना जहान, इष्टमित्रले पनि सकेसम्मको कामकाज गरिदिने गरे भने चाँडै सबैको घरबास तयार हुने र २-४ पैसाको बचाउ पनि हुने नै छ। यो इलम यही जातले गर्नुपर्छ भन्ने नियम केही छैन, सबै किसिमको इलम जसलाई पनि बखतमा काम लाग्छ। 'बाह्र हजार तेली, बाह्र हजार धोबी, बाह्र हजार नाऊ' भन्ने

गोर्खाली उखानै छ। के यो जातिलाई लिएर भनेको हो र? सबैले सबै काम जानेका र गर्ने गरिआएको छ भनेरै यो भनेको हो। यस्तै 'घर-घर डकर्मी' भन्ने अर्को उखान खडा गराउन पाए के देशलाई यस बखतमा असल हुँदैन?

अघिपछि पनि कसैलाई विशेष इँट चाहिने भए आफ्ना तर्फबाट अबाल पोलाइ वा पोलिएको अबालबाट खरिद गरी, ल्याई काम चलाउने पनि गर्ने गरेकै न हो। यस्तै अहिले पोलिरहेका अबालको भरमा मात्र नपरी अरू-अरूले पनि नयाँ-नयाँ अबाल खडा गरी गराई पोलाउने गरे भने चाहिने इँट धेरै तयार हुन सक्नेछ। काठ ल्याउनेहरूले पनि ठाउँ-ठाउँ जङ्गलबाट घर बनाउने काठहरू अघि ल्याउने गरेभन्दा पनि बढाई, ल्याई बजारमा उतारिदिने र व्यापारीहरूले पनि घर बनाउन चाहिने काठ र टिन, किला, काँटी इत्यादि अरू सामानसमेत प्रशस्त ल्याउने, झिकाउने काममा जाँगर बढाएर सुपथ मोलमा दिने गरे भने व्यापारीहरूलाई पनि २ पैसा फाइदा हुने, लोकले पनि आफूलाई चाहिने मालसामान भनेजति सुपथ मोलमा पाउने भई दोहोरै भलाइ हुने कुरा छ। यसै गरी जजसले जुन-जुन कामद्वारा लोकलाई सहायता दिनुपर्ने हो सोहीबमोजिम गरी तन, मन दिई सबैले मद्दत दिने गरी काम हुनुपर्छ।

पक्की घर तयार गर्नेहरूलाई सुबिस्ता र मद्दत होस् भन्नाका लागि ठाउँ-ठाउँमा लाखौं इँट र चुन पोलाउने, किसिम-किसिम नापका दलिन, थाम तयार गराउने, ३ लाख रुपैयाँको टिन-पाता, जस्ता-पाता झिकाउन अर्डर गरिबक्सेकाले सुपथ मोलमा पाउने भई आफ्नै बलले उठ्नलाई पनि केही न केही त्यसबाट मद्दत हुने नै छ।

सबैलाई एकै पल्ट पर्न आएकाले सारालाई चाहिने मालसामान र कामदार कालिगढहरू भनेजति पुग्न नसक्ने हुनाले अहिलेलाई धेरै तलाका ठूल्ठूला घर तयार गर्नेपट्टि नलागी आफ्ना निर्वाहलायक तला घटाई

साना घर, कटेरा, छप्पर बनाउने र सजेर हुने घरहरू मर्मत गरी तयार गर्ने गरे वर्षा हुनुभन्दा पहिले नै बासको केही न केही प्रबन्ध हुन जाला भन्ने लाग्छ। अहिले जमिनको हालत जाँच्न झिकाइएका भूगर्भ जान्ने विद्वानले पनि त्यत्रो ठूलो भूकम्पले चिरा-चिरा भएको जमिन क्रमैले बस्दै गई अझ राम्ररी मिलिसकेको छैन, त्यसैले बीच-बीचमा भूमिको कम्प र थरथराहट भइरहेको छ, ठूला अग्ला घरहरू खडा गर्नलाई केही दिन गम खाई वर्षापछि बनाउनु बेस होला भन्ने राय प्रकट गरेका छन्। जापानीले भूमिकम्पको बारम्बार अनुभव गरी साना-साना तलाका, भूकम्पमा अड्ने किसिमका घर बनाउँछन् भन्ने सुनिन्छ। हामीले पनि अब घर बनाउँदा त्यसतर्फ पनि ध्यान दिएर बनाउनाले नै कल्याण हुन्छ।

फेरि यो कुरा म भन्दछु कि यताउति परेका फुटेटुटेका इँट र भाँचिएका काठ र किलासको गारो जमिन तलाका निम्ति आफ्ना साँधसँधियार, छरछिमेकीसँग तेरो-मेरो भनी बाझ्ने-जुझ्ने, झगडा गर्ने, नालिस गर्ने मौका होइन। यस बखतमा त्यस्तो सानोतिनो स्वार्थपट्टि लागि कर्तव्यपट्टि ध्यान लगाएनौ भने कसरी तिमीहरूको चाँडो स्थिति बस्ला ? वर्षाभन्दा अगाडि नै जहान-बच्चा कसरी थन्क्याउन सकौला ? त्यस्तै केही पर्न आए दुवै थरिको कुरा सुनी उतिखेरै सम्झाई, बुझाई मिलाइदिन अफिसर गाउँठाउँमा खटाई पठाएको छु। पछि चाहियो भने बढ्ता पनि खटाइदिनेछु। तिनीहरूले परस्परमा खडबड पर्न आएको कुरामा जसरी हुन्छ मिलाइदिनेछन्, त्यसमा तिमीहरूले चित्त बुझाउनुपर्छ, नालिस सुनिने छैन।

सहरभित्र सन्धि-सर्पन परी वा साँघुरो भई अथवा सहरभित्र बस्ने इच्छा नभई अन्तै बाहिर आधा रोपनी एक रोपनीसम्म जग्गा पाए म्युनिसिपलिटीको नियमबमोजिम अर्के सहर हुने गरी छुट्टाछुट्टै घर बनाई बस्तो हुँ भन्ने कसैको इच्छा भए त्यस्ताले आफ्नो टोल, ठाउँ, नाउँ

खुलाई सरकारमा दरखास्त दिइराख्नू, त्यस्ता मानिस कहाँ कति हुने रहेछन्, तिनलाई बस्न माफिकको जग्गा भए नभएको समेत हेरी टाउन प्लानिङतर्फ अर्थात् नयाँ काइदाको सहर बनाउनेतर्फ विचार गरिबक्सनेछौं।

यो दुर्घटनाले पीडित भएका, निराधार, दीनदु:खीको उद्धार, सुधार, सहायता गर्न 'भूकम्प पीडितोद्धारक संस्था' खडा गरी त्यसमा 'भूकम्प पीडितोद्धारक फन्ड' भन्ने नामको एउटा फन्ड खोलिबक्सेको छ। त्यसमा हामीबाट ३ लाख र बडामहारानीबाट १ लाख रुपैयाँ राखिबक्सेको छ। यो ठूलो पुण्यकार्यमा हामी पनि द्रव्य अर्पण गर्न चाहन्छौं भनी खुद आफ्नै इच्छाले श्रद्धा गरी अर्पण गर्न ल्याएको द्रव्य यो फन्डको संस्थाबाट यही सत्कार्यमा लगाइनेछ। दिनेहरूको नाम पनि प्रकाशित हुनेछ।

यो अवस्थामा प्राय: सबैको घर भत्की, बिग्री धेरैथोरै आर्थिक बोझ सबैलाई पर्न आएकै हुनाले आ-आफ्नो घर तयार गर्ने काममा आ-आफूले खर्च गरी आफ्नै बलले आफू उठ्नु पनि फन्डमै राखेजस्तो सम्झिबक्सनेछौं।

तीन सहर राजधानीभित्रका घरहरू बनाउन मर्मत गर्न आफ्ना पासमा रहेको धनको साबगासले पुग्न नसकी मद्दत चाहनेहरूलाई जाँचबुझ गरी मद्दत दिनुपर्ने देखिएमा सरकारबाट घर जेथा धितो लेखाई लिई मनासिव देखिएसम्मको रुपैयाँ पटक-पटक गरी उपल्लो ४ वर्षसम्मलाई निर्ब्याजी सापटी दिनलाई 'भूकम्पपीडित सहाय ऋण' का रूपमा अहिले ५० लाख रुपैयाँ पनि हामीबाट पर सारिबक्सेको छ। सो रुपैयाँ सापट लिनेले लिएको मितिदेखि ४ वर्षसम्म चुक्ति गरी सरकारमा बुझाइसक्नुपर्नेछ। म्यादभन्दा अगावै पटक-पटक गरी वा एकै मुष्ट बुझाउन ल्याएको पनि बुझिनेछ।

अघि ठिक एक सय वर्ष अगाडि १८९० सालमा नेपाल तीनै सहरमा यत्तिकै नभए पनि यस्तै ठूलो भुइँचालो जाँदा घरहरू धेरै भत्के बिग्रेका

थिए तापनि सबै दुनियाँले हरेस नखाई क्रमैसँग उद्योग गर्दै जाँदा आफ्नै मद्दतले ५/७ वर्ष भित्रमा फेरि सहर उस्तै पारेको कुरा इतिहासबाट देखिन्छ। अहिलेलाई माथि लेखिएबमोजिम हामीबाट गरेर हुनेसम्मको प्रबन्ध मिलाइबक्सेका छौं। यस्तोमा सबै कुरा सरकारले मात्र गरेर निर्वाह चल्न सक्ने होइन। सरकारले खुद आफैंले बनाउनुपर्ने दरबार, अस्पताल, अड्डा इत्यादिलाई पनि लाखौं रुपैयाँ लाग्नेछ भन्ने कुरा तिमीहरूले देखेकै छौ। छोटा बडा सबैले धैर्यधारण गरी उत्साह बढाई जहाँसम्म सकिन्छ आफ्नो बल र पाएको मद्दतले अगाडि बढ्दै जानुपर्छ। खेतीपातीमा परस्परमा गरेर सहायता दिएझैं घरबास बनाउने काममा पनि परस्पर सुख-दु:खको साथी बनेर दया र प्रेम गरी ठस्सा, भडकतिर नलागी सबैले आपसमा मिलीजुली काम गऱ्यौ भने चाँडै बासस्थान तयार भई सहर, गाउँहरू पहिलेजस्तै गुलजार हुनेछन्। व्यापारीले व्यापारबाट शरीरले मेहनत गरी जीविका गर्नेहरूले मेहनतबाट धन कमाई आफ्नो जीविका निर्वाहका साथ घरबासको स्थिति र उन्नति समेत गराउने मौका आएको हुनाले आ-आफ्नो काममा अघिभन्दा जाँगर बढाई तत्पर हुँदै जानुपर्छ। त्यसो गर्दै जानाले दु:खको अवस्था सम्हालिँदै गई दिनपरदिन सुबिस्ता, सुधार, उन्नति पनि अवश्य हुँदै जानेछ भन्ने आशा लिएको छु।

हाम्रो यहाँ राजधानीमा रहेका फौजका मानिस, पुलिस र चप्रासीहरूले पनि त्यो सङ्कटको समयमा आफ्नो घरबार, डेराडन्डा, जहानबच्चाको समेत ध्यान नराखी भोक, प्यास, निद सही पुरिएकालाई जिउँदै झिक्ने, मरिसकेकाको लाश उठाई सद्गत गराउने, पीडितलाई सहायता गर्ने, कडा पालोपहरा गरी धनमाल बचाइदिने इत्यादि अर्डरबमोजिमका काम तनमन दिई बखतको कर्तव्य सम्झी रुजु रही गरेको देख्न सुन्न पाउनाले भित्रैदेखि खुसी लागेको छ। त्यस्तो अवस्थामा रुजु रही जजसले यो काम गरेका छन् तिनी जमदारदेखि सिपाहीसम्म र पुलिस, चप्रासीलाई बाँडिदिन एक लाख रुपैयाँ हामीबाट बक्सेको छ। त्यसबाट भागशान्ति

तिनीहरूलाई बाँडिनेछ।"

अनि साराले श्री ३ महाराजको जय पुकार गरेपछि फेरि श्री ३ महाराजबाट बक्सेको-

"भाइ हो ! अहिले तिमीहरूले खुसी भई हौसला बढाई जय मनायौ, त्यसले हामीबाट बहुतै साधार मानिबक्स्यौं। जस्तो साधार लागेको छ उसै गरी तिमीहरू सबैले मिलीजुली, झैझगडा, रिसरागतिर नलागी ठूलाले सानालाई र सानासानैमा पनि परस्परले परस्परमा सहायता दिई यो दुर्घटनाले नासिन गएका यी सरहले फेरि राम्रो रूप धारण गरी तिमीहरूलाई सुबिस्ता भएको चाँडै देख्न पाएँ भने सबै मिली मातृभूमिको उद्धार गर्ने तिमीहरूको पनि मभित्र दिलैदेखि जयजय पुकार गरी ईश्वरमा धन्यवाद टक्र्याउनेछु।"

सो स्पिचपछि संस्थाले काम गर्न थाल्यो। यस संस्थामा श्री चिफसाब (त्यस बखत लाठसाब) पद्मशमशेर जबरा र गुरुज्यू हेमराज तालुकवाला हुनुभयो। साबिकका अड्डा-अड्डाबाट बढ्ता मानिस त्यस अड्डाको काममा झिकिए। यिनीहरू बाहेक धेरै म्यादी कारिन्दा पनि भर्ना भए। माथि लेखिएबमोजिम तीन सहर राजधानीभित्र र गाउँ-गाउँमा समेत डोर-डोर बाँडी सहायता दिने काम सुरु भयो। चैत महिनादेखि बकस बाँड्ने कामलाई अफिसरहरू र भाइ, छोरा, जर्नेल, कर्णलहरू समेत खटिई काम सुरु भयो। वैशाखदेखि सापटी दिने काम पनि सुरु भयो।

१९९१ जेठ महिनामा हुरीबतासले गर्दा छाप्रो र ओतमा बसेका बासिन्दालाई विशेष सङ्कट पर्न गयो। घर बनाउने काम खास गरी वर्षा सुरु हुनुभन्दा अगाडिका महिना अर्थात् चैतदेखि असारसम्ममा खुब चल्यो। ठाउँ-ठाउँमा घर भत्काउने काममा मानिसको ज्यानको समेत खतरा पर्न गयो। अऊसम्म पनि सासना कम्प हुँदैछन्। जेठ १९ गतेको रातमा पनि १ बजे राम्रोसँग थाहा पाइने गरी कम्प गयो। तर,

ठूलो कम्पपछि ससाना कम्प केही समयसम्म गइरहनु प्रकृतिको चलन हो भन्ने मानिएको छ। जापानमा पनि त्यस्तै भएको थियो। असार महिनामा वर्षाले गर्दा राम्रोसँग नछोपिएका र मर्मत नभएका घरहरू ठाउँ-ठाउँमा भत्कन पनि गए। सो भत्केर १/२ ज्यानको खतरासमेत पर्न गयो। बनाउन लागेका घर पनि ठूलो पानीको जोड सहन नसकी कसै-कसैको भत्कन गयो।

अब यो दफा खत्तम गर्नुअघि श्री ३ को ६० वर्ष प्रवेशको जन्मोत्सवको दिन (जेठ १८, १९९१) श्री चिफबाट चढाइबक्सेको मानपत्र तल लेख्दछु। यसबाट भूकम्प भएदेखि सो बखतसम्मका प्रबन्धहरूको छोटो बयानसमेत राम्रोसँग बुझ्न सकिन्छ-

"महाराज ! भाइभारदार र दुनियाँका तर्फबाट आज हजुरको जन्मदिनको शुभ उत्सवमा गत वर्षमा देशका खातिर हजुरबाट गरिबक्सेको काम कुराको वर्णन गरी निगुतासहितको गुणानुवाद जाहेर गर्न इजाजत पाऊँ।

सबभन्दा तारिफलायकको कुरा भूकम्पले पारेको पीडाको उद्धार हुन आयो। माघ २ गतेको भूकम्प इतिहासमा चढिसक्यो। हजुरबाट जो बन्दोबस्त त्यसको पीडा हटाउन गरिबक्स्यो सो पनि इतिहासमा अवश्य लेखिनेछ। खबर सुन्नासाथ सिकार त्यागी, रेलको बाटो जम्मै खुलिनसक्दै, सवारी फिरी 'भूकम्प पीडितोद्धारक संस्था' खोली आफ्नो सवारी साथ बोकाई ल्याइबक्सेको वस्त्र, खर, टिन दुःखीलाई बाँडिबक्स्यो। फेरि तुरुन्तै घर बनाउनलाई निर्ब्याजी सापटी दिन मोहरू ५० लाख पर सारिबक्सी, दुःखीलाई बकस दिनका लागि आफ्नो तर्फबाट तीन लाख र श्री ३ बडामहारानी मुमाज्यूका तर्फबाट एक लाख बक्सी, 'भूकम्प पीडितोद्धारक फन्ड' खोलिबक्स्यो। गरिबक्सेको बन्दोबस्तको पृथक-पृथक बयान छोटकरी हिसाबले गरे पनि हजुरको अमूल्य बखत धेरै खेर जाने हुनाले २/४ कुरासम्म जाहेर गर्छु।

भूकम्प पीडितोद्धारक संस्था सदरमा खोली त्यसका हाँगाहरू ११, तीन सहरमा जाँच्ने ८ डोर र रुपैयाँ दिने कोषालयसमेत जम्मा २२ अड्डा खडा गरिबक्सी भाइछोरालाई समेत सो काममा लगाइबक्सेको छ।

तराईबाट खर, डाँडाभाटा, बाँस मगाई टहरा बनाई दुनियाँलाई बस्न र आफैं बनाउँछु भन्ने दरकार भएकालाई बेदाममा सो माल र मकै नपाकिन्जेल अन्नसमेत बक्सियो। बन्द भएका जङ्गलहरू पनि खोलिबक्स्यो।

मद्दतका लागि सरकारिया गोदामबाट परल मोलमा काठ खोलाई, ठेकेदार खडा गरी हुनेसम्म किफायत दरमा दलिन र ४० लाख इँट, भन्सार र रोप महसुलमा नोक्सान सही अढाई लाखको कर्कटपाता दरकार भएका किन्नेलाई सजिलो र किफायत हुने बन्दोबस्त गरी, देशबाट अप अवाले, डकर्मी, सिकर्मी पनि झिकाई, सरकारिया काममा र भाइभारदारका घरमा काम लगाउन लगाइबक्सेको हुनाले सहरका र पहाडिया डकर्मी, सिकर्मीहरूलाई गरिब दुनियाँले काम लगाउन पाए।

सहर, गाउँको इँट, माटो पन्छाउने कामलाई डेढ लाख रुपैयाँ पर सारी तीन हजार जति भर्ती भर्ना गरिबक्सेको छ।

जतातते डाक्टर, वैद्य, कम्पाउन्डरहरू खटाई घाइते, रोगीको औषधि गराई रोग नउठ्ने उपाय गराइबक्सेको छ।

जिल्ला-जिल्लाका हाकिमहरूलाई तुरुन्त रुपैयाँको मद्दत पठाई बिउ नहुनेहरूलाई बिउ बाँड्ने बन्दोबस्त गरिबक्सेको छ।

पहाडतर्फ पहिरोमा पर्नेहरूलाई बाली माफ गरी प्रत्येक घरवालालाई २५-५० रुपैयाँका दरले बकस बक्सियो। (पूर्व ३ र ४ नम्बरमा)

भूकम्पले ज्यादा बर्बाद भएका पश्चिम १ नम्बरदेखि पूर्व इलामसम्म र चार भञ्ज्याङभित्र घर हुने निजामती, जङ्गी जागिरदारहरूलाई ४

महिनाको तलब पेस्की बक्स्यो ।

भूकम्प हुँदा रुजु रही हुकुमको श्रद्धा गरी परिआएको जस्तोसुकै काम पनि तन, मन दिई गर्ने, पल्टन, पुलिस र चप्रासीलाई लाख रुपैयाँ इनाम बाँडिबक्स्यो ।

जाने गइगए भनी तिनीहरूको समेत माया नमारी उनीहरू तरून् भनी महाकालीको किनारमा गरिबक्सेको सहस्र-गोदानको पुण्य अकालमा पर्ने हजुरका प्यारा रैतीलाई अर्पण गरिबक्स्यो ।

पछि परन्तुसम्म दयाको दृष्टि पुऱ्याई भूगर्भविद्या जान्ने जियोलजिस्ट र इन्जिनियर मगाई तिनीहरूले दिएको सल्लाह प्रकट गराउन लागिबक्सेको छ ।

मुलुकको हित र उन्नतिको खातिर कैयन् बन्दोबस्त गर्न लागिबक्सेको बखत यो भूकम्प आई ती कुरा केही समयलाई थन्क्याउनु परे पनि हिम्मत नहारी देशविदेशमा जो काम गरिबक्सेको छ, त्यसको पनि सङ्क्षेप वर्णन गर्दछु ।

मुलुकको सुधार होस् भनी ८४ सालसम्मको अड्डा-अड्डामा जम्मा भएको रु. ८५ लाखजति बक्यौता माफ गरिबक्स्यो ।

नयाँ बिजुलीको ५ लाखको काम, झापासम्मको टेलिफोनको २ लाखको काम हुन लागिरहेको छ । भूकम्पले काम नरोकिएको भए गएको चैतमा लाइन खुल्ने थियो । फेरि सदरमा काम छिटो चलोस् भनी अड्डा-अड्डा र तैनाथवालाका घरसित दरबारको टेलिफोन जोडिबक्स्यो । पोस्ट अफिसको उन्नतिमा पनि लागिबक्सेको छ ।

विद्यार्थीहरूको प्रोत्साहनलाई तक्मा बाँडी संस्कृति कलेज खोल्ने इन्तजाम र राणाजीहरूको बास, काम र खाने उपायपट्टि राम्रो दृष्टि बक्सी उद्धार गरिबक्स्यो ।

डेढ लाखको मद्दत बक्सी 'नेपाल ट्रेडिङ कम्पनी' यहाँ र कलकत्तामा खोलाइबक्स्यो। दुनियाँलाई सुबिस्ता होस् भनी पेट्रोल, सलाईको ठेक्काको नाफा त्यागी व्यापारको उन्नतितर्फ पनि ध्यान बक्सेको छ।

देशमा मात्रै होइन विदेशपट्टि पनि हजुरको यस कीर्ति फैलिई त्यतापट्टि पनि मुलुकको रोबरवाफ जमाइबक्सेको प्रख्यातै छ।

बेलायतमा राजदूत राखी परस्पर दूतलाई मिनिस्टर कहलाइबक्स्यो। फ्रान्स सरकारबाट ग्राहँद का द ला लेजियो द अनेयर, इटालीबाट जी.सी. सान्ती मरिजिओ ए लाज्जारो, अङ्ग्रेज सरकारबाट जी.सी.आई.ई., अनरेरी लेफ्टिनेन्ट जनरल ब्रिटिस आर्मी, अनरेरी कर्णेल अफ अल दी गोरखा राइफल रेजिमेन्ट्स इन्डियन आर्मी टक्रचाइसके। चीन सरकारबाट पावटिङको पहिला दर्जाको तक्मा र जङ्गीतर्फको उपल्लो दर्जा लिई राजतूदतहरू रवाना भएका छन्।

ओजस्विराजन्यको तक्मा खडा गरी बेलायत र इटालीका बादशाहहरूबाट सो नेपाली खिताप कबुल भयो।

यहाँका भाइभारदार विदेश जाँदा हुने कदर र लिगेसनसितको रेवाजमा पनि टन्टा हटाई इज्जत बढाइबक्स्यो।

यो राज्य एक्लो स्वतन्त्र हिन्दू राष्ट्र हो। धर्म मुख्य यसको ध्वजा हो। धर्मविरुद्ध जम्न आएको परिस्थिति हटाई जो स्थिति शान्तिपूर्वक बाँधिबक्स्यो, त्यसको महत्त्वको हामी हजुरको दयापात्रहरूले कहाँतक बयान गरौं, विदेशमा छापिएका छापाहरूले पनि प्रशंसा गरेका छन्। हामी खालि यति अर्ज गर्दछौं कि हजुरको साक्षात् धर्ममूर्ति रहेछ। अब हजुरबाट धर्मावतारको पदवी कबुल गरी हामीहरूलाई कृतज्ञ तुल्याइबक्सियोस्, महाराज जो हुकुम।

ईश्वरको कृपाले हजुरको दीर्घायु भई यस मुलुकको बेहत्तरी हुँदै जानेछ भन्ने हामीले सन्तोष लिएका छौं। ६० वर्षको उमेरमा पनि

दौडधूप गरी घोडा चढ्नमा कोहीभन्दा कम होइबक्सिन्न । सरकारको आरोग्य र दीर्घायुले नै हाम्रो परम कल्याण छ, महाराज जो हुकुम ।"

मोफसलमा भूकम्प र तत्कालको मद्दत

१. पहाड

पहाडतर्फ पश्चिममा १ नं. सम्म र पूर्वमा सिमानैसम्म कम्पको जोड पर्न गयो। उत्तर पहाड पनि बच्न गएन। पश्चिमतिर २-३ नं. सम्म पनि केही नोक्सान पर्न गयो, परन्तु त्यसभन्दा पश्चिमतर्फ मामुली किसिमको कम्प मात्रै गयो। विशेष पूर्व ३ नं, ४ नं, भोजपुर र उदयपुर गढीमा धनमाललगायत धेरै ज्यानको नोक्सान हुन गयो। अरू ठाउँमा भन्दा पहिरो पनि बढ्ता त्यहीँ गयो। पहाडतर्फ सो बखत वनमा गाईवस्तु चराइरहने वा घाँसदाउरा जम्मा गरिरहने समय भएकाले पहिरोबाट पनि कसैको मृत्यु हुन गयो। फेरि, पहिरो गएर ठाउँ-ठाउँका ससाना खोला पुरिन गएकाले पानीको दु:ख पनि हुन गयो। माथि लेखिएका चार इलाकातिर बढ्तै जोडले भूकम्प भएको बुझिन्छ। त्यसतर्फ पहाड र जङ्गलहरूको साह्रै नराम्रो हालत भएको थियो। भूकम्प गएको २-३ महिनापछि पनि बराबर पहिरो जाने हुन्थ्यो। कहीँ-कहीँ त यस्तो बिघ्न खलबलिएको थियो कि मासिन हिँड्दा पनि पहिरो जान्थ्यो भन्ने खबर थियो। पूर्व पहाडपट्टि जम्मा १,३४,९३२ घर र ३,९७४ ज्यान तथा पश्चिमपट्टि ४,३३९ घर र ६५ ज्यानको नोक्सान भयो। पूर्व पहाडपट्टि गएको भूकम्पको अञ्जाम सो बखत दौडाहा गर्न गएका एक उच्च अफिसरको बयानबाट लिन सकिन्छ-

भोजपुर (पूर्व ४ नं)

“१९९० साल माघ २ गते रोज २ को दिन दिउँसो २ बजेर १० मिनेट जाँदा अन्दाजी ७-८ मिनेटसम्म भयानकसँग भूकम्प भयो। सो भूकम्प हुँदा जमिन बराबर चिरिँदै जोडिने र ठूल्ठूला पहाडहरूमा

बेहिसाबसँग पहिरो गई चारैतर्फ धूलो बेहिसाबसँग उडी २०/२५ मिनेटसम्म त केही पनि देखिएन। जब धूलो हराई चारैतर्फ देखिन थाल्यो त, पहिले हराभरा भइरहेका पहाडहरू सब सेतो तथा फुस्रो भइरहेका र भोजपुर बजार सबै पाताल भई मानिसहरू कोलाहलसँग रोइकराइरहेको मात्र सुनियो।

सो दिन बेलुकाको परेड थियो। सिपाहीहरू टुँडिखेलमा मौजुद हुनाले सबभन्दा पहिलो काम सबैलाई ल्याई बजारमा पुरिएर मरेका लाश र जिउँदै पुरिएका मानिस झिक्न सुरु गऱ्यौं। अड्डाखानाहरू र ३ साँचा तहबिल, ज्यालखानाहरू जम्मै पाताल भएको हुनाले सो सबै ठाउँमा पालो पहरा कडा हिसाबसँग राखी कैदीहरू भाग्न नपाउने सबै बन्दोबस्त भयो सो दिन बजारबाट मरेको लाश झिकेको ६ र जिउँदै पुरिइरहेका झिकेको ४ घाइतेलाई डिस्पेन्सरीबाट हुन सक्नेसम्मको औषधि गराए। सोही बेलुका सबै हालखबर मुलुकी अड्डामार्फत जरुरी डाँकबाट जाहेर पनि गरे।

भोलिपल्टदेखि सबै इलाकाभर कति नोक्सान परेको र मानिस कति मरे भनी अफिसर, सिपाहीहरूको डोर पनि लगत गर्न खटिई गए। माघ ११ गते नेपालबाट सबभन्दा पहिले मद्दतको निम्ति 'यो भूकम्पमा परी अनाज, धनमाल झिक्न नसक्ने गरिबलाई गाउँघरमा चलेको भाउबाट, राजभकारी, धर्मभकारीबाट अनाज पछि असुल हुने गरी सापटी दिनू' भन्ने एकछापे बडापत्र आएकाले सोहीबमोजिम काम तामेल भयो। त्यहाँपछि माघ २७ गते खान नपाउने गरिबलाई बाँड्न भनी मो.रु. ५०० र अड्डाखाना मर्मत गर्न भनी मो.रु. १५०० सम्म निकासा भई आएको हुनाले सोहीबमोजिम काम तामेल भयो। त्यसपछि फेरि फागुन ३ गते 'भूकम्पले दुनियाँलाई पीर, बाधा परेको हुनाले अड्डाखानाबाट भएको दण्डजरिवाना हाल असुल पक्राउ गर्नुपर्दैन, सोहीबमोजिम उर्दी, पुर्जी गरिदिनू' भन्ने बडापत्र भइआएकाले सोहीबमोजिम काम पनि तामेल भयो।"

यो बयानबाहेक अरू पनि इलाकाबाट आएका भूकम्प विषयका खबरमध्ये कुनै कुनै ठाउँका दृष्टान्तका लागि यहाँ लेख्दछु-

पूर्व पहाड

१. पूर्व १ नं. कोदारी चौकी

"माघ २ गते अन्दाजी २ बजेको समयमा भुइँचालो गई सरकारी कोत, गोदाम, बारुदखाना, छाउनी, खलङ्गासमेत भत्के बिग्रेको छ। दुनियाँको घर पनि चर्की, फुटी, साबुत नभएको, ६/७ जना मानिस नोक्सान भएको छ, तर यति घर, मानिस नोक्सान भयो भन्ने यकिन भएको छैन। मानिसहरू बारीमा बसेका छन्।"

२. पूर्व २ नम्बर

"आज माघ २ गतेका दिन भुइँचालो गई सरकारिया गोदाम, ३ साँचा, सिलखाना, गोश्वारा, हुलाकघर, जागिरदार बस्ने घर, छाउनी, धर्मभकारी समेत जम्मै र दुनियाँदारहरूको घरसमेत भत्की कहीं कहीं मानिससमेत परेको हुँदा ३/२ साँचामा डबल पालो पहरा राखिएको छ।"

३. पूर्व ३ नम्बर

"आज माघ २ गते भूकम्प भई सरकारी र दुनियाँदारका घरहरूसमेत बिग्रेकाले सरकारी नगदी, जिनिस टुँडिखेलमा बार बारी जङ्गी र अदालतका जवानसमेतको पालो पहरा राखिएको छ। यहाँ धर्मभकारी, गारत, गोदामसमेत पाताल भयो। गाउँ मौजाका घरहरू सबै भत्किए। मानिस पनि पुरिई मरेको खबर आएको छ।"

४. पूर्व ४ नम्बर

"माघ २ गते भूकम्प भई यहाँ मूल छोटी सरकारी कचहरी घर, धर्मभकारी, सिलखानाहरूलगायत सबै भत्के चर्केको र दुनियाँको पनि

गाउँ-गाउँमा धेरै घर लडी पाताल भए। पँधेरा, कुवा, झारहरूमा मूल फुटी पानी बग्यो। ३ गते राततक उत्तर खण्डमा बखत-बखत ठूलो आवाज आइरहने भई दुनियाँ हाहाकारमा छन्।"

५. धनकुटा

"भुइँचालोले पूर्व ४ नं. भोजपुर र पूर्व ६ नं. अदालतमा समेत धेरै नोक्सान भयो। धरानको धर्मभकारी पनि बिग्रियो। धेरै मानिसको नोक्सान भयो। ठाउँ-ठाउँमा जमिन फाटी पहिरो गई, मूल फुटी, नदीनाला बढे। सरकारी घरहरूमा बारुदखाना एकमा मात्र कम नोक्सान भयो।"

६. पूर्व ६ नम्बर, चैनपुर

"माघ २ गते आज करिब २ बजे अकस्मात ठूलो भूकम्प भयो। त्यस दुर्घटनाले गर्दा पाटीपौवा, देवमन्दिर, घरहरू भत्के, हुलाक बस्ने घर, अदालत अड्डाघर पनि भत्के। झ्यालखानाको छाना भत्की खसेका झिँगटीले लागी कैदीहरू धेरै जना घाइते भए।"

७. इलाम

"माघ २ गते भूकम्प भई अड्डाखाना, सरकारिया घर, दुनियाँदारका घरहरू समेत कोही लडे, कोही चर्केकाले जागिरदार र अरू रैतीसमेत छाप्रो कटेरा बनाई बाहिर बसेका छन्। दार्जिलिङतर्फ धेरै नोक्सान भयो भन्ने हल्ला छ।"

८. सिन्धुलीगढी (पूर्व)

"भूकम्पले गर्दा जिल्लामा ढुङ्गाको गारो भएका जति घर नोक्सान भए। मानिस मरेको यकिन भएको छैन। सरकारिया घर पनि कुनै भत्के, कुनै लच्केका छन्। हाकिम बस्ने घरले किची लप्टनकी एक छोरी घाइते भई, एक छोरो मर्‍यो।"

पश्चिम पहाड

१. **पश्चिम १ नम्बर**

"नुवाकोट भैरवनाथको देवल चारैतिर चर्की माथिको तला केही ढल्केको छ। श्री भैरवीको सत्तल हाल मालअड्डा बस्ने गरेको उत्तरतर्फ भत्की दुवैतिर छाना भासिएको भई बस्न नहुने भएको छ। बूढी देवीको देवल पनि केही ढल्केको छ। साततले घरको माथिल्लो एक तला खसी २/३ तलामा ठाउँ-ठाउँ चिरा पर्न गयो।"

२. **गोरखा, पश्चिम २ नम्बर**

"माघ २ गते आज दिउँसो ठूलो भूकम्प भई श्री कालिका देवीको मन्दिर भएको माथिल्लो दरबार गजुर भएपट्टि उत्तरको पाखो ३० हात लम्बाइ र ३ हात जति चौडाइ र यसैको पश्चिमपट्टिको ३ हातजति चौडाइ र १४ हातजति लम्बाइको छानो भत्कियो, खम्बाहरू पनि चिरिए। श्री गोरखनाथजीको गुफामाथिको ठूलो ढुङ्गाको दरबारका पेटीको जोरमा २ अङ्गुल जति चिरिई फाटेको छ। तल्ला दरबारको पश्चिमट्टि बुर्जाको २० हजाजति लामो छानो भत्कियो। दक्षिणपट्टि लङमा गारो चर्केको छ।"

३. **पश्चिम ३ नम्बर**

"माघ २ गते भुइँचालो गएकोमा सो बखत मोटर चलाउँदा आवाज आएजस्तो शब्द भइरह्यो। कास्की जिल्लाको ठाउँ-ठाउँको पहाडहरूमा पहिरो गयो र पोखरामा १ घर भत्कियो। मानिस, वस्तुभाउको नोक्सान भएन।

बन्दिपुरमा ५०-६० घर चर्की मानिस बस्न डरलाग्दो, १०-११ घर पाताले भएको, मानिस, जीवजन्तुको विशेष नोक्सान नभएको, सरकारी घरहरू चर्की भत्केको हुनाले वर्षामा नोक्सान हुने सम्भव देखिन्छ।"

४. **पाल्पा गौंडा**

"रिडीमा १, तानसेनमा १ पुरानो घर भत्किए, अरू कुनै कुराको नोक्सान छैन।"

५. चिसापानी गढी

"भूकम्पले जागिरदारहरू बस्ने सरकारी घर, बटुक भैरवको मन्दिर, खजानाघर, गढीको नयाँ बङ्गला, भन्सा अड्डाघर, भीमफेदी, सिमलटार, मार्खु, चितलाङका बङ्गलाहरू, भीमफेदी, कुलेखानी, चित्लाङ, टिस्टुङ, पालुङसमेत ठाउँ-ठाउँमा घर भत्की मानिस धेरै मरेका र ठाउँ-ठाउँमा पहिरो गई बाटो पनि फाटेको खबर छ।"

उत्तर पहाड

१. उत्तर १ नम्बर सिन्धुपाल्चोक

"यस इलाकामा यही माघ २ गतेको भूकम्पले गर्दा डाँडाकाँडा पहाड पर्वत हल्लिए। डाँडाकाँडामा पहिरो चल्यो, सारा दुनियाँका घरहरू कुनै पाताल भई भत्के, कुनै चिरिए। त्यस्तो भएको हुनाले सबै जनाले चित्रा, भकारी, फलेकले छाई घरका अगाडि पछाडि बारी, मैदान, चउर आदिमा डेरा गरिबसेका छन्। तातोपानीको नुन गोदाम र कोदारी चौकीको कोदो गोदाम भत्किए। हाकिम कारिन्दासमेत सबै बारीमा छाप्रो हाली बसेका छन्। पालचोक छापागाउँ भन्ने गाउँमा जम्मा ११३ घर रहेछन्, ती जम्मै घर पाताल भई भत्किए। तौथलीकोट गाउँका घर पनि जम्मै भत्किए।"

२. रसुवागढी

"माघ २ गते करिब २ बजेतिर ठूलो भूकम्प हुँदा ६०-७० जना मानिसले उचाल्न नसक्ने ढुङ्गा लडी, पहाड फुटी लडेर आई ढुङ्गाले ठक्कर लागी र केही भूकम्पले मात्र पनि धेरै घर भत्किए। सरकारी घर, चौकी नुन गोदाम, कोदो गोदाम पनि भत्किए। धेरै मानिस घाइते

भएका छन् ।"

घर भत्कँदा धेरैको अन्न घरघरै भएको समय परेकाले बहुतै नोक्सान भयो र खानाको दुःख पर्न गयो। धेरैले घरबास भत्कन गए पनि सरकारबाट जङ्गल खोलिदिबक्सेकाले नजिकको पाही-पाहीको जङ्गलबाट झटपट जो चाहिने काठपात जोरजाम गरी, ल्याई ओतको निम्ति छाप्रो चाँडै उठाउन सके।

सो बखत भूकम्पपीडितको तत्काल सहायताका लागि ठाउँ-ठाउँका दौडाहा जानेहरू र बडाहाकिमहरूलाई तपसिलमा लेखिएको किसिमको उर्दी गयो-

तपसिल

१. दुनियाँदारको अनाज, धनमाल पहिरोमा पुरिई थिचिइरहेको भए गाउँघरको र जङ्गी परेडको मद्दतबाट झिक्न लाउनू।

२. मुर्दा उठाउन नसकेको भए उठाउन लाउनू।

३. धनमाल पुरिएर झिक्न नसकी खान नपाउने भए गाउँका धनी मानिसबाट गाउँ खोलामा चलेको दरभाउले किन्न पाउने बन्दोबस्त मिलाउनू।

वा

४. गाउँघरबाट हुन नसके धर्मभकारीबाट भए पनि पछि असुल गर्ने गरी मनासिव माफिक अन्न दिन लाउनू।

५. ठाउँ-ठाउँमा पाटी, पौवा, पुल, बाटो इत्यादि भत्केको अवस्था हुनाले भोटेनिबलतर्फका व्यापारीबाहेक अरू तीर्थ गर्न र भेटघाट गर्न आउने भुटानीलाई सम्झाईबुझाई भोटेनिबलतर्फै फर्काउनू।

६. अनाज घरभित्र पुरिएर झिक्न नसकी खान नपाउनेलाई मकै बाली नपाकुन्जेल रोजको १ मानाको दरले गोस्वाराबाटै खुवाउने बन्दोबस्त

मिलाउनू

७. बाँकी बक्यौता, दण्ड जरिवाना, हाल धडपकड गरी असुल तहसिल नगर्नू।

८. अदालतका पुराना बाँकीवालमध्ये सरकारको तहबील मासी खाएका, राजकाजसम्बन्धी, ज्यानमारा, चोरी, डाका मुद्दाका कसुरदारहरूलाई लाग्ने बाहेक अरू दण्ड, साजय, बाँकी, बक्यौतामा हाल पक्राउ गर्नुपर्दैन।

९. रैतीको घर बनाउन नजिक जङ्गलबाट वन नबिग्रिने गरी काठ काट्न पाउने बन्दोबस्त गरिदिनू।

यी माथिका उर्दीहरूका साथै तपसिलमा लेखिएका कुरा बुझी जाहेर गर्नू भन्ने अर्डर पनि गयो-

तपसिल

१. गाउँ, मौजा इत्यादिमा धेरै जिन्सी ककससँग कति कति छ फाँटवारी बनाई जाहेर गर्नू।

२. ओखती गर्दा पनि निको नहुने र लत्ताकपडा घरभित्र पुरिएर झिक्न नसकी ओढ्ने-ओछ्याउने नभएका जवान कति छन् जाहेर गर्नू।

३. सरकारबाट बकस नपाई घर बनाउन नसक्नेको घर बनाउनलाई लाग्ने खर्चसहितको लगत पठाउनू।

४. पोतसम्म तिर्न नसक्ने कति छन् जाहेर गर्नू।

दु:खीहरूको तत्कालको सहायताका लागि दौडाहाहरूका नाममा केही (१२ हजारजति) रुपैयाँ निकासा पनि भई गयो।

त्यसको २-३ महिनापछि पूर्वपहाडका घर बनाउन नसक्नेलाई बकस

बाँड्न र अन्नको बिउ नभएकालाई बिउ बाँड्न करिब मो.रु. २५ हजार निकास भई गयो।

एकै बाजी सबैलाई आपत पर्न आएकाले पहाडतर्फका रैतीहरूलाई घरबास उठाउन विशेष कठिन पऱ्यो। सहकालमा पनि कुटो-कोदालो, ज्याला-बनी गरी जीविका गर्ने यी पहाडिया भाइहरूलाई भूकम्पले गर्दा कस्तो सङ्कट पर्न गयो होला !

२. मधेस

पूर्व सिमानादेखि लिएर चितवनसम्म भूकम्पको मार पर्न गयो। जलेश्वर र हनुमान नगर जिल्लामा विशेष जोडदार कम्प गयो। यी जिल्ला एपिसेन्टर (भूकम्प केन्द्र) भित्रै परेका हुन् भने पनि हुन्छ। यस्तो नसम्झी बाहिरै परेका हुन् भने पनि धेरै कोस फरक छैन। भूकम्पले सबै पक्की घरलाई चुर-चुर पाऱ्यो। वीरगञ्जमा मुरली दरबार र बडाहाकिम बस्ने घरलगायत अरू साहेबज्यूहरूका घर धेरैजसो भत्किए। बडाहाकिम बस्ने घर भत्की बडाहाकिमलाई समेत थोरबहुत चोट लाग्यो। निजका दाइ जनरल पुण्यशमशेरलाई अर्को घर भत्केर साह्रै कडा चोट पऱ्यो। पूर्व मधेसपट्टिका सहरहरूले धेरै नोक्सान खाए। कुनै कुनै ठाउँमा त एकाध घरहरू जमिनको २-३ हात भित्रसम्म पनि धसिए। जम्मा १२,२४८ घर र १८४ ज्यानको नोक्सान भयो, त्यसमध्ये धेरै मानिस सहरैको बस्तीभित्र रहने नै मरे। गाउँ-गाउँतिर भने फुस, बाँसको घर ज्यादा हुनाले थोरै ज्यान र थोरै धनमालको नोक्सान हुन गयो।

जताततै खास गरी हनुमाननगर र जलेश्वरमा जमिन धेरै फाटिन गयो। सो फाटेर कसैको केही धनमाल पनि बेपत्ता भयो। यी फाटेका जमिनबाट पानी आई खेत र बाटो २-३ दिनसम्म जलथल हुन गयो। कहीं कहीं जमिन फाटोको ठाउँमा २-३ बाँससम्म गहिरो र ३-४

गजसम्म चौडा थियो। केही खेत बालुवाले पनि पुरिए। ठाउँ-ठाउँका मोटरगाडी चल्ने बाटामा चिरा-चिरा पर्न गएकाले मोटरहरू नचल्ने भए। अमलेखगन्जदेखि रक्सौलसम्मको सरकारी रेलको लाइनमा पनि ठाउँ-ठाउँमा धेरै नोक्सान पऱ्यो।

भूकम्पको नोक्सान जाहेर गरी इलाका-इलाकाबाट आएका छोटकरी रिपोर्टहरूमध्ये कुनै कुनै दृष्टान्तका लागि यहाँ लेख्दछु-

१. **वीरगञ्ज**

"माघ २ गतेको भूकम्पले वीरगञ्जका ठूल्ठूला पक्की घर भत्की धेरैको ज्यानसमेत नोक्सान भएको बुझिन्छ। रेल दुवैतिर बन्द छ। ठाउँ-ठाउँमा जमिन फुटी पानी निस्क्यो। श्री जनरल विक्रमशमशेरको घर भत्की श्री जनरल पुण्यशमशेरलाई र उहाँकी रानीसाब समेतलाई धेरै ठाउँमा ठूलो चोटपटक लाग्यो। उहाँकी एक केटी घरले पुरेर बेपत्ता छे। श्री बडाहाकिम राज हुने गोस्वारा घर भत्की उहाँलाई केही चोट लाग्यो। रानीसाबको माथमा चोट लागी एक दिन बेहोस भइबक्स्यो। सुकु वेद्य भन्नेको घर भत्की १०-१२ जना पुरिएका थिए। निजका बाहिनी, छोरी, ज्वाइँसमेत मरे। घरहरू भत्की प्राय: दुनियाँको र सरकारको गरी ३-४ लाख नोक्सान परेजस्तो छ।"

२. **महोत्तरी**

"माघ २ गतेको भूकम्पले जलेश्वरको सरकारिया बडाहाकिम बस्ने घर केही चर्केको र असिस्टेन्ट सुब्बा बस्ने घर १ जगैदेखि भत्केको छ। जनकपुरमा श्री रामचन्द्र, जानकीका मन्दिरहरू केही भएका छैनन्। महन्तहरू बस्ने घर जगैदेखि लडे। त्यसमा ४-५ जना मानिससमेत परेका थिए तापनि जिउलाई केही भएन। जनकपुरका दुनियाँदारको पक्की घर भत्की स्वास्नीमानिस र केटाकेटी गरी ५ जना मरेछन्। अमिनीको ज्यालखाना घरहरू भत्की आजसम्म २ जना कैदी भागी बेपत्ता छन्

भन्ने बेहोरा माघ ५ गते जाहेर गरेको।"

३. मोरङ विराटनगर

"माघ २ गतेको भूकम्पले मोरङ विराटनगरमा सरकारिया बडाहाकिम बस्ने घर भत्की गारतका सुबेदारसमेत ६ जना परेमध्ये १ जना साह्रै बेहोस छ। ज्यालखानाको चौगिर्दा चर्की १-२ जनालाई चोट लाग्यो, कैदीलाई केही भएन। वनजाँचको हाकिम बस्ने घर, मालको हाकिम बस्ने घर, असिस्टेन्ट अडिटर, ओभरसियर बस्ने समेत सबै गारो फुटी बेकम्मा भए। धर्मभकारी पनि चर्की बेकम्मा भयो। भूकम्प हुँदा ठाउँ-ठाउँ पृथ्वी फुटी पानीको भुल्को निस्की अन्दाजी २० मिनेटसम्म रही पछि बन्द भयो। मुग्लान जोगबनीको स्टेसनघर, मुसाफिरखाना र तार, रेलसमेत बन्द भएको बुझिनाले जाहेर गरेको छ भन्ने माघ २ गतेको जाहेरी।"

४. झापा

"माघ २ गतेको भूकम्पले यस जिल्लामा पक्की घर नभएकाले खालि खाँबा गाडेका टिन र फुसको मात्र हुनाले घर, मानिस कुनै नोक्सान भएन। जमिनको हकलाई झापा बजारमा र मौजा-मौजामा १-२ हातसम्म चिरिई फुटी नोक्सान भयो। इनारहरू भत्केर बालुवाले भरिई पानी खान मुस्किल छ।"

५. बुटौल

"माघ २ गतेको भूकम्पले यस बुटौल बजार र बालख बसेको ठाउँमा समेत केही नोक्सानी र मानिसलाई पनि केही भएन।"

मधेसका सरकारी घर, धर्मभकारी मर्मत गर्न र पुरिएका कुवा सफा गर्ने इत्यादि काम र खान नपाउने दुनियाँको मद्दतलाई भनी भूकम्प हुनासाथ तपसिलमा लेखिएबमोजिम निकास भई गयो-

१. वीरगञ्ज	१०,१००
२. सप्तरी सिरहा	१०,१००
३. महोत्तरी सर्लाही	१७,७००
४. मोरङ विराटनगर	५,१००
५. झापा	१,६००
६. पाल्ही	१,६००
७. खजनी स्युराज	३,१००
८. बाँके बर्दिया	१,६००
९. कैलाली कञ्चनपुर	१,६००
१०. चितवन	२२५
	जम्मा ५२,७२५

मधेसतर्फ र त्यसमा पनि खास गरी गाउँ-गाउँतिर, राजधानी र पहाडमा जस्तो पक्की र ढुङ्गाको घर नभई धेरैजसो कच्ची घर भएकाले धेरैजसो घर सद्दे नै रहे। त्यसकारण ओत पाउन विशेष मुस्किल भएन। बालीनाली भर्खर तयार भएकाले खानाको हाहाकार मच्चिएन। फुसको घरमा माटो मिल्न सम्भव पनि कम थियो। कुवा झन् गहिरिएर गएकाले र पुरिएकाले भने ठाउँ-ठाउँमा पानीको तकलिफ पर्न गयो। बालुवाले पुरिएका खेतजतिमा खेती चलाउन अझ १ वर्षका लागि मुस्किलै छ भन्दछन्। बिहारमा जस्तो बालुवाको बाक्लो थुप्रो नजमे पनि त्यसले र जमिनका चिराले गर्दा त्यस्ता खेतमा खेती गर्न केही बाधा पर्न गयो।

तेस्रो भाग

भूकम्पले मानिसको मनमा परेको असर

प्रकृतिले गरेको उत्पातबाट पनि मनुष्यको मनमा बहुतै ठूलो असर पर्दो रहेछ। यसको दृष्टान्त यही गत भूकम्पबाट थाहा भयो। नेपाल, खास गरी राजधानीका बासिन्दाको मनमा यस भुइँचालोले कस्तो असर पैदा गरायो, त्यो पाठक वर्गलाई थाहा दिनु यस परिच्छेदको मतलव हो। भूकम्पका कारण मानिसले आफ्ना बुद्धिअनुसार भिन्दाभिन्दै सम्झे। तिनीहरूको मुख्य तीन विचार छन्।

१) माघ २ गतेको दिन ७ गह्र एकै राशिमा जुट्ने भएकाले पहिलेदेखि नै मानिसले भूकम्प या लडाइँ जस्तै कुनै उत्पात हुने शङ्का गरेका थिए। हुन पनि सोही दिनमा भूकम्प हुन गएकाले धेरैजसोले भूकम्पको कारण सप्तग्रह जुटेकै सम्झे। ज्योतिषको भविष्यवाद मुताविक घटना पनि मिल्न गएकाले ज्योतिषहरूउपर धेरै पत्यार बढ्न गयो। त्यसको परिणाममा ७-८ महिना पछिसम्म पनि दुनियाँले अनेक किसिमका ज्योतिषी हल्ला पत्यार गर्ने भएका थिए।

२) सर्वसाधारण दुनियाँमा "परम्परादेखि नै" पृथ्वीमा पाप धेरै बढ्न गएमा पृथ्वी थामिराख्ने देवताले (कसैले नाग वा माछा पनि भन्दछन्) पापको बोझ थाम्न नसकी एक कुमबाट अर्को कुममा पृथ्वी सार्दा भुइँचालो जान्छ भन्ने विश्वास भएकाले सोही कारणबाट भूमिकम्प गएको भनी सम्झने पनि केही भए।

३) यही सालमा हिमालयको सबभन्दा उच्च शिखर "माउन्ट एभरेस्ट" माथि युरोपियनहरूले हवाईजहाज लगेका थिए। यो शिखर शिवस्थान हो भनी विश्वास गर्ने दुनियाँले यसैलाई भुइँचालोको कारण सम्झे। नेपालीमा यो विश्वास परेको छ भनी केही बिराना देशका छापामा पनि निस्केको थियो।

दुनियाँको बेग्लाबेग्लै विचार माथि लेखेँ। भूकम्प हुनु प्रकृतिका धेरै खेलमध्ये एउटा हो भनी सम्झने कमका पनि कम हुँदा हुन्। अब भूकम्पद्वारा परेको तात्कालिक असरको विवरण राख्दछु।

१) पहिला ४-५ दिनसम्म कोही कोही दुनियाँमा अब प्रलयको बखत चाँडै आइपुग्छ भन्ने डर परी "मर्नु जतिको परेपछि मीठा-मीठा भोजन र राम्रा-राम्रा पहिरन गरी मर्नु नै बढिया छ" भन्दै स्वादिष्ट खानेकुरा खाने र राम्रा लुगा लाउने पनि कोही कोही भए। यस्तो विशेष आइमाईतिर देखियो। सन् १८२३ को भूकम्पमा जापानमा पनि यस्तै अवस्था भएको थियो रे। तसर्थ, दुनियाँमा खास गरी अपठितहरूमा यस्तो असर पर्नु स्वाभाविकै रहेछ भनी सम्झनुपर्‍यो।

२) भूकम्पको अतासमा परी होसहवास हराएको मानिसझैँ व्याकुल भई आत्मभरोसा वा परोपकार गर्नपट्टि केही वास्ता नराखी, चुपचाप बसिरहने पनि एकथरि थिए। यिनीहरूको सङ्ख्या कम थिएन।

३) एकथरिमा बहुत असल असर परेको देखियो। यिनीहरूबाट दुःखीहरूको उपकार भयो, आफ्ना दुःख-सुखको परवाह नराखी गरिबहरूको सेवामा लागे। तर, यिनीहरूको सङ्ख्या थोरै मात्र थियो। छोटकरीमा यस्तो भन्न सकिन्छ कि, सज्जनहरूको सद्गुण र दृष्टहरूको दुष्टचाइँ बढ्न गएको थियो।

४) भूकम्पको एक असर परिणाम- हाम्रो देशमा आत्मभरोसाको आवश्यकता कसै-कसैमा झल्क्यो। बिराना मुलुकको भरमा रहने बानीले

यस्तो समयमा कस्तो मालमत्ताको अभाव र आपत पर्न जाँदो रहेछ भन्ने कुराको ज्ञान हुन आयो । त्यसले गर्दा स्वदेशी चीजउपर कसैकसैको रुचि बढ्न गएको देखिन्छ । यसरी देशबान्धवमा स्वदेशी वस्तुउपर रुचि बढ्न गएको पक्षमा हाल र भविष्य दुवै समयका लागि यो भूकम्पको एक बहुतै असल परिणाम हो भनी सम्झनुपर्छ ।

यस परिच्छेदमा लेखिएका कुरामा राय फरक-फरक हुन सक्छ भन्ने लाग्दछ तापनि आफूले देखेसम्मको कुरा लेखेको छु ।

चौथो भाग

मृत्यु सङ्ख्या

राज्यभरमा भूकम्पले गर्दा ८,५१९ ज्यानको नोक्सान हुन गयो। हिन्दुस्थान (बिहार) पट्टि भने ७,१८८ ज्यानको मात्र नोक्सान पर्‍यो भनी छापामा छापिएको देखिएको छ। हाम्रो मुलुक पहाडी भए पनि हिन्दुस्थानमा भन्दा बढ्ता ज्यानको नाश भयो। हाम्रो देशमा परेकाहरूको फेहरिस्त ठाउँ-ठाउँ छुट्टचाई तपसिलमा लेखिएको छ-

मृत्यु सङ्ख्या

असामी	मर्दाना	जनाना	जम्मा
१. **राजधानी खाल्डो**			
क. काठमाडौं सहरभित्र	२५४	२२५	४७९
ऐ बाहिर	७९	१६६	२४५
ख. पाटन सहरभित्र	२५०	२९७	५४७
ऐ बाहिर	८७१	८२६	१६९७
ग. भादगाउँ सहरभित्र	४३३	७३९	११७२
ऐ बाहिर	६५	९१	१५६
जम्मा	१,९५२	२,३४४	४,२९६
२. **पूर्व पहाड**			
पूर्व १ नं	१६३	१९३	३५६
ऐ २ नं	५२	४३	९५

	ऐ ३ नं	३३०	५२७	८५७
	ऐ ४ नं	६९८	८९९	१५९७
	धनकुटा	१६२	१५४	३१६
	इलाम	४१	५१	९२
	उदयपुर गढी	२९५	२५७	५५२
	सिन्धुली गढी	५१	५८	१०९
	जम्मा	१,७९२	२,१८२	३,९७४
३.	**पश्चिम पहाड**			
	पश्चिम १ नं	४	६	१०
	ऐ २ नं	x	१	१
	ऐ ३ नं	x	१	१
	ऐ ४ नं	x	१	१
	चिसापनी गढी	२५	२७	५२
	जम्मा	२९	३६	६५
४.	**मधेस (पूर्व)**			
	वीरगञ्ज	१६	२८	४४
	महोत्तरी सर्लाही	३१	२०	५१
	सप्तरी सिरहा	१७	२३	४०
	विराटनगर	१३	३६	४९
	झापा	x	x	x
	जम्मा	७७	१०७	१८४
५.	**मधेस पश्चिम**	x	x	x
	राज्यभरको कुल जम्मा	३,८५०	४,६६९	८,५१९

तर, मरेका मानिसको गन्तीबाट नोक्सानको अञ्जाम गर्न सकिँदैन,

किनकि घर-धनको नोक्सान हेरी मानिस कम मरे। मानिसको नोक्सान सोभन्दा पनि बढ्ता हुन नगएकोमा ३ मुख्य कारण छन्-

१) पहिलो कारण हाम्रो मुलुकमा बाहिरपख बढ्ता खेती भएकाले धेरैका घर साना-साना र खुला जग्गामा बनाइएकाले चाँडै खुलामा भागी आउन सके, कोही थिचिएका मानिस पनि बाँचे। सहरको बस्ती घना हुनाले मानिस पनि ज्यादा त्यहीँ परे।

२) भूकम्प गएको बेला दिनको २ बजे भएकाले धेरै जना बाहिर खेतमा काम गर्न लागेका थिए। रातको बखतमा भूकम्प गएको भए धेरै बढ्ता प्राणको नाश हुन जान्थ्यो। खास गरी बाक्लो बस्तीमा अहिलेभन्दा १०-१२ दोब्बर नोक्सान सजिलैसित हुन सक्थ्यो। मृत्यु सङ्ख्या ६०-७० हजार पुग्न पनि के असम्भव थियो ?

३) भूकम्प ३ मिनेटजति अडेकाले मानिसहरूले खुला जग्गामा भागी आउने मौका भेट्टाए। तर, दुनियाँमा (खास गरी जनानाहरू कसैको विचारमा) भूकम्पका बेला भकारी भर्नुपर्छ, जमिन छुनुपर्छ भन्ने अनेक किसिमका कुरामा विश्वास गरी भाग्ने उद्योगै नगरी बसेका पनि कति जनाको सुनियो। त्यस्ता मानिस जानीजानी मृत्युको मुखभित्र पसे होलान् अथवा कति जना घाइते भएका होलान्! मूढ विश्वासमा पर्ने मानिसले यस कुराको विशेष ध्यान राख्नुपर्छ। अब पछिलाई यस्तो विश्वासमा परी कसैले धोका खान परोइन भन्ने आशा छ।

१) **राजधानी**

राजधानी चार भञ्ज्याङभित्रमा पूर्वदक्षिण भाग अर्थात् भादगाउँ, लुभु, हरिसिद्धि, बुङमती, खोकनामा बढ्ता ज्यानको नोक्सान पर्न गयो। तीन सहरमा अर्को एक कारणले गर्दा मुत्यु सङ्ख्या केही कम हुन गयो। भूकम्पको दिन (माघ १ गते बिदा भएकाले) तीनै सहरमा पल्टनको

बेलुकाको कवाज थियो र भुइँचालो गएको बखत सिपाहीहरू कवाज खेलिरहेका थिए। तसर्थ सिपाहीमा मर्ने ५-६ जना मात्रै भए। त्यस बाहेक, तिनीहरूलाई मानिस पुरिएको ठाउँमा तुरुन्त पठाइएकाले धेरै जिउँदा मानिस झिक्न सकियो, खास गरी काठमाडौं सहरमा। सो दिन मात्र होइन, ३-४ दिनपछिसम्म पनि मानिस हररोज भनेझैं जिउँदै झिकिन्थे। ७ दिनपछि पनि काठमाडौं सहरको मखनटोलको एक पसलबाट २ जना जिउँदै झिकिए। तिनीहरूलाई रबरको नलीबाट दूध, औषधि खुवाई ठूलो यत्नले भूकम्प सेवक र पल्टनियाँले बचाए। यस्तो जतन र मेहनतद्वारा धेरै जनाले पुनर्जन्म नै पाए भने पनि हुन्छ। गाउँ-गाउँपट्टि त्यस बखत पूरा मद्दत पुऱ्याउन नसके पनि साना-साना घर भत्की पुरिएकामध्ये कोही कोही तिनीहरूकै नातेदारको मेहनतले पनि बाँचे।

बडादमीहरूका घर दरबारले थिचिई मर्नेहरूमध्ये मुख्य-मुख्य चाहिँ तपसिलमा लेखिएका छन्-

१) श्री ५ महाराजाधिराजका २ छोरी मैया (१० र ८ वर्षका) र ६ सुसारे।

२) श्री ३ महाराजकी नातिनी मैया (क. विक्रमकी ८ वर्षकी छोरी)।

३) श्री मे.क. हस्तकी रानी र निजको एक सानो छोरो र एक छोरी।

४) साहेबज्यू मोहनविक्रम र निजका जहान गैह्र।

दरबारको नोक्सान विचार गर्दा, यतिभन्दा बढ्ता नमर्नु आश्चर्यको कुरा भयो। धेरैको घरमा दैवी तारतम्यबाट बाँचेको खबर सुनिन्थ्यो। त्यसको ठूलादेखि सानासम्म धेरैलाई अनुभव भयो।

लाशको सद्गत गर्न नसक्नेहरूले आफ्ना मरेका नातेदारहरूको मृतदेह खोलानालामा त्यसै फ्याँकिदिएकाले सरकारका तर्फबाट यस्ता लाशहरूको र बेबारिस लाशहरूको दाह गराइयो। बुङमतीमा यस्तै किसिमले फ्याँकिएका

करिब १ सय लाशको सद्गत सिपाहीहरूको हातबाट भयो। पुरिएका जिउँदालाई बचाइदिने र मुर्दा पन्छाइदिने अर्थात् जलाइदिने काममा सिपाहीहरूले खुब मद्दत दिए। तिनीहरूले यो काममा कुनै न कुनै स्वयमसेवकहरूबाट पनि सहायता पाए। काठमाडौं र पाटन सहरमा १ महिना पछिसम्म र भादगाउँमा २-३ महिना पछिसम्म पनि मुर्दा झिकिए।

२) **पहाड**

पहाडतर्फ पूर्व ३ नं. र ४ नं. मा बढ्ता ज्यानको नोक्सान भयो। भूकम्प गएको समयमा धेरै जना गाईभैंसी चराउन अथवा घाँस, दाउरा इत्यादि काट्न वनमा पसेका थिए। पहिरो गई तिनीहरूमध्ये कैयन् जनाको प्राणान्त भयो। पूर्व ३-४ नं. तिर विशेष गरी बढ्ता पहिरो गयो। पहिरो गएका ढुङ्गा तथा माटोले ठाउँ-ठाउँका खोलानाला पनि ढाकिन गए। ढुङ्गाले थिचिई मर्नेहरूको लाश झिक्न नसक्दा तिनी ढुङ्गागाथि काजकिरिया गरी फर्किआएको खबर कहीं कहींबाट आएको छ। पहाडमा पहिरोले गर्दा कति जनाको ज्यान गयो, पूरा निधो गर्न कठिन छ। यसबारेमा केही अन्जाम गर्न सकियोस् भन्नका लागि यो एक बयान यहाँ लेख्दछु-

"पूर्व ४ नं. र धनकुटाको इलाका छुट्याउने अरुण नदीको किनाराको लेगुवाघाटमा एउटा ठूलो ओडार परेको थियो। त्यस ओडारभित्र यात्रुहरू आफ्नो भारी बिसाएर विश्राम गर्दथे। माघ २ गतेको भूकम्पमा पनि बराह क्षेत्रको मेलाबाट फर्किआएका लोग्नेमानिस र स्वास्नीमानिस गरी अन्दाजी ४०-५० जना त्यसै ओडारभित्र भारी बिसाई बसिराखेका रहेछन्। त्यसै मौकामा प्रलयरूपी भूकम्प गएको हुनाले पहिरो गईकन त्यो ओडार जम्मै बसेर त्यहाँभित्रका यात्रु सबै पुरिएर मरेछन्।

फेरि एउटा हतुवा भन्ने थुमको इलाकामा एउटा सानो खोला दुईतिर

पहाडको बीचबाट बगेर गएको थियो। भूकम्प हुनासाथ पहाडहरूमा पहिरो गईकन त्यो खोला बग्ने बाटो रोकिएछ। ८ दिनसम्म बग्ने बाटो नपाउँदा खोलाको पानी जमेर एउटा ठूलो तालजस्तो हुन गई त्यहाँका नजिकका गाउँहरू पनि जम्मै डुबाएर जलाम्य भएको थियो। ८ दिनपछि पानी ज्यादा नै बढ्ता भई पहाडमाथिबाट बगेर गएछ। भूकम्प भएको दुई महिनापछि पनि त्यहाँ एउटा ठूला तालजस्तो देखिन्थ्यो।

दिला भन्ने थुमबाट एउटी आमा र छोरा पूर्व ४ नं. अदालतमा तारिख भएको हुनाले बाटोमा हिँडेर आइरहका रहेछन्। तिनीहरू हिँडेर आएको बाटो पहाड कपेर बनाइएको रहेछ। त्यतिकै बीचमा भूकम्प पनि हुन थालेछ। जमिन चिरा-चिरा परी फाट्न थालेछ। तारिखमा जान लागेको छोरोचाहिँ फाटेको जमिनभित्र बेपत्ता भएछ। आमा भने बाँचिछ।"

सायद अरू ठाउँ पनि यस्तो दशा लागेको हुँदो हो। तसर्थ रिपोर्टमा लेखिएको भन्दा अरू बढ्तै ज्यानको नाश भयो होला भनी सम्झेमा केही भूल हुन सक्दैन। ठूल्ठूला सहर वा बाक्ला-बाक्ला बस्ती नभएका पूर्वपहाड जस्ता ठाउँमा मात्र पनि करिब ४ हजारको मृत्यु हुनु कम होइन।

३) मधेस

मधेसमा भूकम्प निकै जोडले गए तापनि भाग्यवश मृत्यु सङ्ख्या कम नै हुन गयो। यसको कारण यो हो कि त्यहाँ सयकडा नब्बे घर काठ वा बाँसले बनेका हुन्छन्, उसमा पनि साना-साना हुन्छन्। यस्ता घरहरू इँट वा ढुङ्गाका घरहरूझैं भताभुङ्ग भएनन्, तिनीहरूमा थोरै मात्र नोक्सान भए। फेरि त्यतातिर पहिरो जाला भन्ने पनि केही डर रहेन। विराटनगर सर्लाहीजस्ता पक्की घर भएका सहरहरूमा मात्र

भुइँचालाको खास चोट पर्न गयो। गाउँ-गाउँमा भन्दा ती सहरहरूमा धेरै बढ्ता मानिस मरे। तसर्थ मधेसतर्फ जम्मा १ सय ८४ जनाको मृत्यु हुन गयो।

मुलुकभरिका अकाल मृत्युको गाँसमा परेका यी हजारौं भाइबहिनीको आत्मालाई ईश्वरले शान्ति दिऊन् भनी प्रार्थना गर्दछु।

पाँचौं भाग

घर, धन आदिको नोक्सान

गोरखा राज्यमा पूर्व मेची सिमानादेखि लिएर पश्चिम १ नं. सम्मका घर, पाटी, पौवा र मन्दिर धेरै भत्किए, बिग्रिए ।

राज्यभरमा भएको नोक्सान तपसिलमा लेखिन्छ-

तपसिल

असामी	पाताल भएको घर	धेरै चर्केको घर	थोरै चर्केको घर	जम्मा	देवालय, शिवालय, पाटीपौवा	कैफियत
राजधानी खाल्डो काठमाडौं सहरभित्र	७२५	३७३५	४१४६	८६०६	४०	
ऐ ऐ बाहिर	२८९२	४०६२	४२६७	११२२१	१६	
पाटन सहरभित्र	१०००	४१७०	३८६०	९०३०	२२९	
ऐ ऐ बाहिर	३९७७	९४४२	१५९८	१५०१७	३०	
भादगाउँ सहर भित्र	२३५९	२२६३	१४२५	६०४७	१७७	
ऐ ऐ बाहिर	१४४४	१९८६	२३८८	५८१८	०	
जम्मा	१२३९७	२५६५८	१७६८४	५५७३९	४९२	

पहाड (पूर्व) पूर्व १ नं.	९६२८	१९३९१		२९०१९		
ऐ २ नं.	४६८७	१०७३८		१५४२५		देवालय, पाटीपौवाको पनि घरकै फेहरिस्तमा परेको छ
ऐ ३ नं	२११०७	१५५४८		३६६५५		
ऐ ४ नं.	१५०४८	५		१५०५३		
धनकुटा	६६२३	१५१२०		२१७४३		
इलाम	२३१६	३११२		५४२८		
उदयपुरगढी	१०५२	३९१७		४९६९		
सिन्धुलीगढी	३४८६	३१५४		६६४०		
जम्मा	६३९४७	७०९८५		१३४९३२		
पहाड (पश्चिम) पश्चिम १ नं	५८२	१७२०		२३०२		
ऐ २ नं.	१८६	४६१		६४७		
ऐ ३ नं.	१९	६५		८४		नोक्सान नभएको
ऐ ४ नं.	८	१		९		
चिसापानी गढी		१८	१२६६	१२८४		
पाल्पा		३		३		
डोटी बैतडी डडेल्धुरासमेत						
दैलेख						
जुम्ला						
प्युठान						
जम्मा	७९५	२२६८	१२६६	४३२९		

मधेस (पूर्व) वीरगञ्ज	३६५४	८५४	२५४६	७०५४		देवालय पाटीपौवाको फेहरिस्त पनि घरकै फेहरिस्तमा परेको छ
महोत्तरी सर्लाही		४३२३	२६८	४५९१		
सप्तरी सिरहा	८७	४२८		५१५		
विराटनगर	१३	१	६४	७८		
झापा						
जम्मा	३७५४	५६०६	२८७८	१२२३८		
मधेस (पश्चिम)						
पाल्हीमाझ खण्ड		४	६	१०		नोक्सान भएन
चितवन						
खजहनी स्युराज						
बाँके बर्दिया						
कैलाली कञ्चनपुर						
जम्मा		४	६	१०		
ऐ को तेरिज राजधानी खाल्डो (तीन सहर राजधानी र गाउँलगायत)	१२३९७	२५६५८	१७६८४	५५७३९	४९२	
पहाड (पूर्वपश्चिम)	६४७४२	७३२५३	१२६६	१३९२६१		
मधेस (पूर्वपश्चिम)	३७५४	५६१०	२८८४	१२२४८	४९२	

पातालै भएर भत्केका घरहरूको गिन्ती थोरै देखिए पनि चिरिएका चर्केका धेरैजसो घर खालि टालटुल मात्र गरेर नहुने भई भत्काएर नै

बनाउनुपर्ने खण्ड परेकाले यस्ता घरका धनीहरूलाई भत्काउने भारसमेत पर्न आई उल्टो झन् दोहोरो खर्च लाग्ने हुन गयो। थोरबहुत टालटुल गरेर पुग्ने घरको सङ्ख्या माथिको फेहरिस्तमा नपर्नु पनि सम्भव छ।

हिसाब गर्दा राजधानी खाल्डोमा सयकडा ७० जति घरको नोक्सानी देखियो। सो खाल्डोको दक्षिणपूर्व भागतिर अर्थात् लुभु, सानागाउँ, हरिसिद्धि, खोकना, बुङमतीतिर विशेष बढ्ता नोक्सान भयो। भादगाउँ सहर पनि साह्रै बिग्रियो तापनि माथि लेखिएका अरू पाँच गाउँजति होइन। यी पाँच गाउँमा त सयकडा ९९ घर जति नै नोक्सान भए। ती गाउँ माटोको पहाडजस्तो देखिन्थे। त्यसपछिको नोक्सान पाटन र काठमाडौंमा भयो। कीर्तिपुरमा भने सयकडा ५ घर पनि भत्किएनन्। कीर्तिपुर र राजधानीको उत्तरभाग (गोकर्ण, सुन्दरीजल, गौरचरण इत्यादि) मा बहुतै थोरै मात्र नोक्सान भएकाले राजधानीमा सयकडा ७० मात्र नोक्सान भएको देखिन आएको हो।

पहाडतर्फ पूर्व ३ र ४ नं. मा घर र धनमालको धेरै नोक्सान भयो, मधेसतर्फ हनुमाननगर, जलेश्वर र वीरगञ्जमा पनि धेरै नोक्सान हुन गयो। मधेसतिर धेरै घर बाँस वा काठबाट बनाइएकाले र एकतले खरले छाइराखेकाले उति नोक्सान हुन पाएन। तर, इँटका घरहरू (पक्की घर) भने धेरै बिग्रिए।

राजधानी खाल्डोमा विशेष गरी अग्ला घरभन्दा कम तलाका घर नै बढ्ता अडेको देखियो। खुब बलियो सामान, सिपालु इन्जिनियर र असल जमिनबिना ठूल्ठूला घर बनाए कस्तो नतिजा हुँदो रहेछ यही भुइँचालोले देखायो। यो कुराको सत्यता काठमाडौंको तोपखानाबाट स्पष्ट देखियो, १-२ वर्षअघि मात्र बनाएको तीनतले घर चुर भयो, ८०-९० वर्ष अगाडि बनाएको घर अझसम्म खडाको खडै रहेको छ।

तर, कुनै कुनै ठाउँमा बलिया घर चुर भए र पुराना जीर्णोद्धारको जरुरी परेका (भत्काएर बनाउनुपर्ने) घरहरू दुरुस्तै पनि रहे। यसको

कारण यो हुनुपर्छ कि ती बलिया घर भत्केका ठाउँमा पृथ्वीकम्पको जोड बढ्ता पर्न गयो। लड्न आँटेका घर अडेको ठाउँमा कम्पको जोड कम हुन गयो। कुनै जग्गामा भूकम्पको असर बढ्ता र कुनै जग्गामा कम हुन्छ, ढुङ्गा बढ्ता भएका ठाउँमा भन्दा बालुवा बढ्ता भएका ठाउँमा धेरै कम्प थाहा हुन्छ भनी भूभर्गविद्या जान्नेहरू भन्दछन्। सो कुराको परीक्षा यहाँ भयो। कीर्तिपुर डाँडा टुप्पोमा परे पनि ढुङ्गैढुङ्गाले बनेको हुनाले भूकम्पले उस्तो नोक्सान गर्न सकेन। परन्तु त्यसै ठाउँबाट करिब १५ सय गज परको पाँगा भन्ने गाउँमा जमिन गिलो भएकाले ज्यादा नोक्सान पर्न गयो। पहाडतर्फ पनि त्यस्तै देखियो।

राजधानीमा नोक्सान हुन गएका दरबार, घर र देवलमध्ये कुनै कुनैको नाम यहाँ लेख्दछु। ठूल्ठूला दरबारमध्ये सबै भनेझैं बिग्रिए।

क. दरबार घर

नाम	**कैफियत**
श्री ५ को नारायणहिटी दरबार	धेरै नोक्सान
जावलाखेल दरबार (जावलाखेल)	धेरै नोक्सान
विशालनगर (भाटभटेनी)	धेरै नोक्सान
लक्ष्मीनिवास (महाराजगन्ज)	धेरै नोक्सान
शीतलनिवास (महाराजगन्ज)	धेरै नोक्सान
हरिहर भवन (पुल्चोक)	धेरै नोक्सान
टङ्गाल दरबार (हाँडीगाउँ)	धेरै नोक्सान
चारबुर्जा (ठमेल)	धेरै नोक्सान
सिंहदरबार (श्री ३ को दरबार)	ठाउँ-ठाउँमा नोक्सान
बबरमहल (कुरियागाउँ)	ठाउँ-ठाउँमा नोक्सान
सिंहमहल (थापाथली)	ठाउँ-ठाउँमा नोक्सान
गोलबैठक (थापाथली)	पाताल

यी बाहेक सरकारी घर र अड्डामा पनि नोक्सान पर्न गयो। राज्यभरको हिसाब राखियो भने करोडौं रुपैयाँको हानि भएको देखिएला। राजधानीमा बिग्रिएका मुख्य-मुख्य घरहरू तल लेखिन्छ-

ख. सरकारिया घर, अड्डा आदि

नाम	कैफियत
१. धरहरा (भीमसेन थापाले बनाएको सुन्धारानजिकै)-	आधा बाँकी रहेर भत्कियो
२. वीर घन्टाघर (रानीपोखरी)-	पाताल भई भत्कियो
३. छालाघर (छाउनी)	पाताल भई भत्कियो पल्टनियाँ सर्जाममा समेत केही नोक्सान भयो
४. तोपखाना (तल्लो टुँडिखेल)	ठाउँ-ठाउँमा बिग्रेको, १०-१२ नाल बन्दुकसमेत बिग्रियो
५. ठिमी गट्ठाघर (ठिमी)	धेरै नोक्सान
६. मिलिटरी अस्पताल (काठमाडौं)	ठाउँ-ठाउँमा धेरै चर्केको
७. जनाना अस्पताल (काठमाडौं)	नोक्सान
८. मर्दाना अस्पताल (काठमाडौं)	नोक्सान
९. औषधिको सेन्ट्रल स्टोर	औषधिका धेरै सिसीको नोक्सान
१०. छापाखाना (नक्साल)	नोक्सान
११. दरबार स्कुल (काठमाडौं)	नोक्सान
१२. भादगाउँ स्कुल (भादगाउँ)	धेरै नोक्सान
१३. भादगाउँ अस्पताल र डाक्टर घर	नोक्सान
१४. भादगाउँ ब्रिगेडियर बस्ने घर	नोक्सान
१५. गुठी तहसिल अड्डा (काठमाडौं)	पाताल
१६. डिल्लीबजार अड्डा (काठमाडौं)	थोरै नोक्सान

गोलबैठक, थापाथली (वि.सं. १९०८)

भूकम्पअघि

भूकम्पपछि

शीतल निवास, महाराजगञ्ज

भूकम्पअघि

भूकम्पपछि

काठमाडौं, भादगाउँ, पाटन सहरहरूको गौरव बढाउने पुराना-पुराना देवालय र नेवारे राजाका दरबारहरूमा धेरै नोक्सान पर्न गयो। नेपालका कैयन् यस्ता प्राचीन शिल्पविद्याका चिह्नको लोप हुन गयो। देश-विदेशमा बयान चलेका वर्षौं अगाडिदेखिका कलाकौशलका इमारत क्षणभरमा नाशिन जानु बहुत अपशोचको कुरा हो। घर दरबार भने पैसाले उठ्न सक्ने चीज हुन्, परन्तु यी प्राचीन कालिगढीका चिह्न सधैंका लागि लोप हुने भए, जसरी पुनरुद्धार हुन सक्दछ, गर्नुपर्दछ भनी श्री ३ महाराजबाट ठाउँ-ठाउँमा मर्मत गराउन लगाइबक्सेको छ।

तर, साथसाथै केही नामुद देवलहरू अडिनु एक आश्चर्य र खुसीको कुरा हुन गयो। कुनै कुनै १९९० सालको भुइँचालोमा अडेका अहिले पनि अडेकै छन्। दृष्टान्तका लागि पाटनमा तलेजुको देवल चुर भए पनि कृष्ण देवलमा केही भएको छैन, भादगाउँमा भैरवको होचो देवल चुर्ण भयो, तर सो मन्दिरको ३० गज परको पाँचतले न्यातपोलको छानो मात्रै खलबलियो। काठमाडौं हनुमानढोकामा महाविष्णुको मन्दिर भत्के पनि तलेजुको भने गजुर मात्रै बाङ्गियो। तीन सहरभित्र भत्की बिग्रेका पुराना देवालय र दरबारमा कुनै कुनै यहाँ तपसिलमा लेख्दछु-

तपसिल

ग. पुराना देवालय र दरबार

१. काठमाडौं

	नाम	बनेको साल	कैफियत
१.	तलेजुको मन्दिर	वि.सं. १६२१ (राजा महेन्द्र मल्ल)	गजुर मात्र ढल्केको
२.	देगुतले सामुन्नेको ढुङ्गाको स्तम्भ	वि.सं. १७२७ (राजा प्रताप मल्ल)	पाताल
३.	काठमाडौं महादेवको देवल (मूलकोतको पूर्व)	वि.सं. १६२१ (राजा महेन्द्र मल्ल)	पाताल

४.	महाविष्णुको मन्दिर (मूलकोतको दक्षिण)	वि.सं. १६९४ र १७२४ को बीचमा	पाताल
५.	वसन्तपुर	वि.सं. १८२७ (राजा पृथ्वीनारायण शाह)	धेरै नोक्सानी
६.	रानीपोखरीको दक्षिणमा रहेको राजा प्रताप मल्ल हात्तीमाथि सवार गरेको ढुङ्गाको सालिक	वि.सं. १७२७ (प्रताप मल्ल)	पाताल

२. पाटन

१.	देगुतले	वि.सं. १६९२ (राजा शिवसिंह मल्ल)	पाताल
		वि.सं. १७२१ मा आगलागी भई जीर्णोद्धार भएको	पाताल
२.	च्यासिम देवल	वि.सं. १७८० (राजा नगेन्द्र मल्ल)	धेरै नोक्सान
३.	महाबौद्ध देवल बुद्ध-गयाको नमुना गरी बनाइएको)	वि.सं. १६०१	फेद मात्र बाँकी
४.	विश्वेश्वर महादेवको देवल (भाइदेवल)	वि.सं. १७३५	पाताल
५.	कुम्भेश्वर	वि.सं. १७९४	पाताल
६.	मच्छिन्द्रनाथको देवल	वि.सं. १६७८ (वि.सं. १८९० को भूकम्पमा भत्की जीर्णोद्धार भएको)	पाताल

३. भादगाउँ

१.	भादगाउँ पुरानो दरबार	वि.सं. १५१० (राजा यक्ष मल्ल)	

हनुमानढोका (काठमाडौं) अगाडिका देवलहरू

भूकम्पअघि

भूकम्पपछि

पाटन दरबार अगाडिका देवलहरू

भूकम्पअघि

भूकम्पपछि

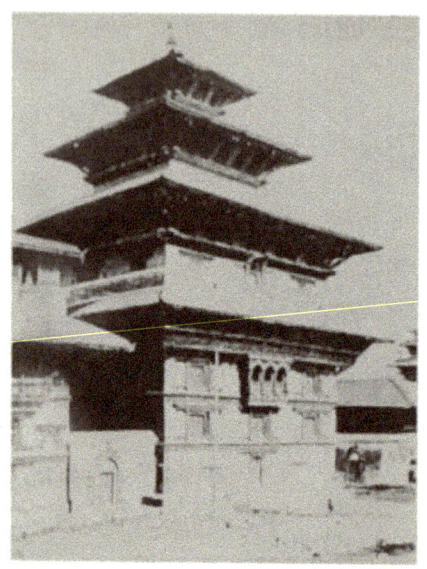

देगुतले, पाटन (वि.सं. १६९२)

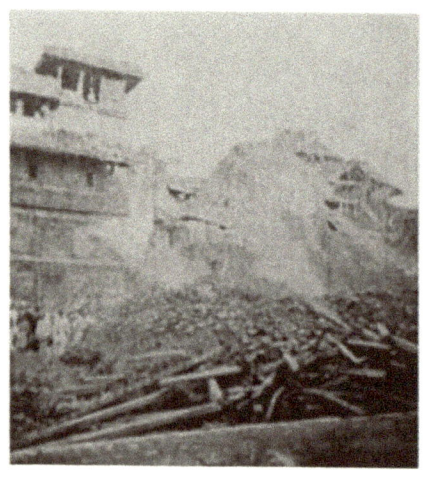

भूकम्पपछि

महाबौद्ध, पाटन (वि.सं. १६०८)

भूकम्पपछि

कृष्णमन्दिर र विष्णुमन्दिर भादगाउँ (वि.सं. १७२४)

भूकम्पअघि

भूकम्पपछि

पुरानो दरबार र दरबार अगाडिका देवलहरू, भादगाउँ

		वि.सं. १७३४ मा जीर्णोद्धार भएको	धेरै नोक्सान
२.	५५ झ्याले दरबार (राजा भूपेन्द्र मल्ल)	वि.सं. १७५६	धेरै नोक्सान
३.	कृष्ण देवल	वि.सं. १७३२ (राजा भूपेन्द्र मल्ल)	धेरै नोक्सान
४.	विष्णु मन्दिर	वि.सं. १७१४ (राजा जगतप्रकाश मल्ल)	पाताल
५.	शिव मन्दिर	वि.सं. १५१७ (राजा यक्ष मल्ल)	पाताल
६.	भैरवको मन्दिर	वि.सं. १७४२ (राजा भूपेन्द्र मल्ल)	पाताल
७.	बाराही मन्दिर	वि.सं. १७२९ (वि.सं. १९१८ मा मर्मत भएको)	पाताल

परन्तु पशुपतिनाथको मन्दिर अलिकति पनि बिग्रेन। वरिपरिका घर र अस्पताल साह्रै बिग्रे पनि टुँडिखेलको महाङ्कालथान (कच्चा देखिन्थ्यो) सद्दे नै रह्यो। स्वयम्भू र बौद्धमा पनि बहुतै कम नोक्सान देखियो। यसरी ठूल्ठूला देवताको देवालय नबिग्रेकाले मानिसको मनमा ईश्वरमाथि भक्ति बढ्नु आश्चर्यको कुरा होइन।

घ. पुल, सडक, पाटी, पौवा

पुलहरूमा भने नोक्सान कमै भयो, मानिसको आवतजावतलाई विशेष बाधा परेन, किनकि मुख्य-मुख्य पुलहरू सद्दे नै रहे, बिग्रे पनि थोरै मात्र बिग्रे। भीमफेदीबाट वीरगञ्ज जाने मोटरको बाटोमा कुनै पुल नभत्कनु भाग्यकै कुरा सम्झनुपर्छ। तर, नेपाल सरकारको लाइट रेल्वेको लाइनमा भने धेरै नोक्सान पर्न गयो र केही दिनका लागि आवतजावत बन्द पनि भयो। राजधानीभित्रमा भादगाउँ जाने पुलसमेत गरी अरू ३-४ ठाउँका पुलहरूमा थोरै मात्र नोक्सान भएकाले ५-६ दिनभित्रै तयार भए। विष्णुमतीका २ पुल चुर भई भत्के पनि अरू

पुल सद्दे नै रहेकाले विशेष बाधा पर्न गएन। पूर्व पहाडपट्टि २ पुल बिग्रिए। सडकहरूमा ठाउँ-ठाउँमा चिरा पऱ्यो। केही ठाउँमा मर्मत गरेपछि मात्र चल्तीको निम्ति तयार हुन सक्यो।

पाटी, पौवा, सत्तलहरूमा भने ज्यादै नोक्सान पर्न गयो। यस्ताको जीर्णोद्धार गुठियार गुठीबाट हुने हो तापनि पैसाको कमीले गर्दा धेरै उठ्न कठिन देखिन्छ। यस्ता धर्मस्थानहरूमा धेरै नोक्सान पर्न गएकाले यात्रुहरूलाई ठाउँ-ठाउँमा विशेष कष्ट सहनुपर्ने भएको छ। सो सङ्कट ज्यादा गरी पहाडतर्फ पर्न गएको छ।

पहाडमा खास गरी उत्तर हिमालपट्टि दुई-तीनवटा नामुद गुम्बा थिए। बौद्धमार्गी विद्वानहरूले यी गुम्बाको विशेष आदर र मान गर्छन्। त्यहाँका लामाहरूलाई वरिपरिका मानिस (भोटेलगायत) सबैले खुब मान गर्दथे। नाम्जे बजार (पूर्व ३ नं) का गुम्बा सबभन्दा प्रख्यात छन्। तर, यिनीहरू भत्केर धेरै पुराना पुस्तक र हस्तलेखको नाश भयो। यो बहुतै अफसोचको कुरा हो। भाग्यवश राजधानीमा सरकारले जम्मा गरेका पुराना हस्तलेखहरूको केही नोक्सान भएन। यी पुस्तकहरू धेरै पुराना र अमूल्य हुनाले देशान्तरबाट बराबर विद्वानहरू हेर्न आउने गर्छन्। यसैले विद्वानहरू यो पुस्तकालय (वीर लाइब्रेरी) बहुतै प्रख्यात भएको छ। तसर्थ यसमा केही नहुनु झन् खसीको कुरा भयो।

छैटौं भाग

औषधिको प्रबन्ध

ठूल्ठूला सहरदेखि लिएर साना-साना गाउँसम्म पनि मानिस घाइते नभएको कहीँ थिएन। यसरी हजारौं जनहरू घाइते हुन आएकाले अस्पतालहरूमा ज्यादै भीड भयो। परन्तु अस्पतालमा समेत धेरै नोक्सान पर्न गएको र औषधि राखिएका ठाउँ पनि नबचेकाले घाइते बिरामीको सम्भार र औषधि गर्ने काममा केही कष्ट पर्न गयो। त्यसमा थप गाउँ-गाउँमा औषधि गर्न मानिस पठाउन आवश्यक भयो, तर अस्पतालैको काम भ्याउन कठिन भएका बेला बाहिर पठाउनलाई फाल्तु डाक्टर कम्पाउन्डर पाउन मुस्किल पर्न गयो। तसर्थ अस्पतालमा काम चलाउनुभन्दा बाहिरतिर ठाउँ-ठाउँमा प्रथम चिकित्सा गर्न पठाउनु विशेष कठिन काम भयो। त्यस समयमा अस्पताल तथा मेडिकल विभागको कायममुकायमी तैनाथवाला म थिएँ। राजधानी, पहाड र मधेसतर्फ सो विषयमा भएको कामको छोटकरी बयान यहाँ लेख्दछु।

१. **राजधानीभित्र**

राजधानी खाल्डोमा भएका ५ अस्पताल र आयुर्वेदीय औषधालयका घरहरू धेरै बिग्रिए। औषधिको नाश हुन गयो, अरू औषधि गर्ने सामान र मालताल पनि टुटफुट भए। वीर जनाना र मर्दाना अस्पताल भत्किएकाले २ जना बिरामी थिचिई मरे। अरू पुराना बिरामी भाग्यले बाँचे। भूकम्पको अतासमा त्रि-चन्द्र मिलिटरी अस्पतालको एक खुट्टा भाँचिएको बिरामी काम्रोसहित बाहिर खुलामा भागेछ, यो बहुतै आश्चर्यको कुरा

हो। यसबाट त्यस बखतको अतासको केही अन्जाम गर्न सकिन्छ।

भूकम्प थामिएको केही समयदेखि नै अस्पतालहरूमा भीड लाग्यो। डरलाग्दो चोट परेका घाइते धमाधम आउन थाले। थोरै डाक्टर कम्पाउन्डरले भ्याउनै मुस्किल भयो। भीड ज्यादै भएकाले त्रिचन्द्र मिलिटरी अस्पताल (जहाँ पल्टनियाँ जवानको ओखती हुन्छ) पनि दुनियाँदारको निम्ति खोल्नुपर्‍यो। तर, आत्तिएका सहरबासीले अस्पतालको जग्गा ढाकिदिएकाले डाक्टरहरूको काममा झन् बाधा पर्न गयो। महाङ्कालस्थानको बायाँ र दायाँ टुँडिखेलमा सरकारिया पाल टाँगी घाइतेलाई राखियो। ससाना घाउको औषधि खुला जग्गामै गरियो। ओखती गर्न आउनेको भीड पहिला २-३ दिनसम्म धेरै थियो। अस्पतालमा राख्नलायक भएका जति भर्ना गरिए पनि कोही कोही धेरै चोट लाग्नेहरू घरै बसी ओखती गर्न मात्र अस्पताल आउने गरे। त्यसैले अस्पतालमा बस्नेहरूको गिन्ती धेरै नदेखिएको हो। सुत्केरीलाई धेरै कष्टको समय भएकाले तिनीहरूको निम्ति जनाना अस्पतालमा एउटा भिन्दै ठाउँ छुट्ट्याइयो। पाटन अस्पतालमा बिरामीलाई भर्ना गरी औषधि गर्ने बन्दोबस्त थिएन तापनि भूकम्पको अवस्थाले गर्दा २० जनालाई भित्र नै राखी ओखती गर्ने प्रबन्ध भयो।

भादगाउँको अस्पताल भत्केकाले घाइते र बिरामीका लागि परालको छाप्रो तयार गरियो। यी ५ अस्पतालमा ३६१ घाइते भर्ना भए। त्यसमध्ये करिब २५ घाइतेको अस्पतालमै मृत्यु भयो। ओखती मात्र गर्न आउने बाहिरिया बिरामीको सङ्ख्या भने धेरै थियो। यी ५ अस्पतालमा मात्र पनि ८ हजार ३ सय गिन्ती पुग्यो। यी अस्पतालमा केही भूकम्प सेवकले ड्रेसिङ आदि काममा मद्दत दिएकाले गाउँ-गाउँतिर ओखति गर्न पठाउनलाई डाक्टर कम्पाउन्डरको पनि केही सङ्ख्या बच्यो।

गाउँ-गाउँपट्टि प्रथम चिकित्सालाई चाहिने औषधि दिई डाक्टर, कम्पाउन्डर, मिलिटरी सिपाही (मेडिकल कम्पाउन्डर) हरू पठाइए। तिनीहरू बाहेक केही भूकम्प सेवकबाट पनि सो काम बहुतै राम्रोसँग

भयो। जतातत‍ै बाटो बिग्रिएकाले उनीहरू घोडा चढी जानुपऱ्यो। मिलिटरी कम्पाउन्डरहरूलाई पहाडतिर १-२ नं. सम्म पनि पठाइयो। तर, धेरैजसो मिलिटरी कम्पाउन्डर चार भञ्ज्याङ बाहिर गएका पल्टनहरूका साथमा भएकाले त्यहाँ रहनेहरूको गिन्ती बहुतै कम थियो। चार भञ्ज्याङभित्र यी माथि लेखिएका सरकारी कामदारहरूबाट २ हजार ७ सय जनाको र स्वयम्सेवकहरूबाट १८ सय जनाको ओखती भयो।

यो माथिको काममा आयुर्वेदीय र युनानी औषधालयहरूबाट पनि मद्दत भयो। कोही कोहीमा डाक्टरको औषधिमा भन्दा वैद्यको औषधिमा बढ्ता रुचि भएकाले आफूखुसी काम गर्ने २६ जना ढाक्रे वैद्यहरूलाई सरकारी तर्फबाट औषधि दिई पायक परेको गाउँमा औषधि गर्न पठाइयो। करिब २८ सयले आयुर्वेदिक औषधि पाए।

गाउँ-गाउँमा पनि (खास गरी बुङमती, लुभु, पाँगा जस्ता बस्ती) काठमाडौं र पाटनका अस्पतालदेखि धेरै टाढा परेकाले र घाइतेको गिन्ती पनि धेरै भएकाले चार भञ्ज्याङभित्र ४ र बनेपा (पूर्व १ नं) मा १ गरी ५ अस्थायी अस्पताल खडा गरिए। चार भञ्ज्याङभित्र किसिपिडी, लुभु, सानागाउँ, बुङमती, खोकना र पाँगामा रहेका यस्ता ४ अस्पतालबाट करिब १५ सय जतिको ओखती भयो। झन्डै २ महिनाजति यी अस्पतालका शाखालाई कायम राख्नुपऱ्यो।

ज्यादै कडा घाउ हुनेहरूलाई काठमाडौं वा पाटनको अस्पतालमा ल्याउनुपऱ्यो। तर, गाउँका बासिन्दालाई अस्पतालको धेरै डर भएको हुनाले तिनीहरूलाई ल्याउन लरी, स्ट्रेचर पठाउँदा पनि करिब ४० जना मात्रै अस्पताल आए। यो काम भूकम्प सेवकहरूबाट भयो। कसैकसैले डाक्टर आउँदा लुकी औषधि नगरी आफ्नो ज्यान पनि गुमाएको बुझिन्छ। यो बडो अफसोचको कुरा हो। यस्ता मानिसको ओखती गर्नु बहुतै गाह्रो हुन गयो। यिनीहरूको गिन्ती खास गरी गाउँमा धेरै ठूलो थियो।

मानिसहरू जहाँ पायो उहीं बस्ने र सफासुग्घरको ख्याल नराख्ने

भएकाले रोग उठिहाल्ला कि भन्ने खुब डर थियो। त्यसको बचावटका लागि हैजा, टाइफाइड र बिफरको इन्जेक्सन गर्नलाई चाहिने सर्जाम विदेशबाट झिकाइयो। राजधानीभित्र मानिस बसेको ठाउँको सफाइ, जाँच गर्न डाक्टरहरू जान्थे। भूकम्पको ३-४ दिनसम्म पानीको ज्यादा अभाव भएकाले कुवा, पोखरीको पानी फोहर नमानी चलन गर्नुपर्ने अवस्था भयो, यसैले स्वयम्सेवकहरू ठाउँ-ठाउँमा गई कुवा, इनारहरूको पानीमा ओखती हालिदिए। म्युनिसिपलिटीले पनि यस विषयमा आफ्नो काम गऱ्यो। भाग्यवश कुनै रोग उठेन। यो ईश्वरको असिम कृपाको फल थियो। पछि कुनै रोग उठेको भए कस्तो महामारी हुन्थ्यो भन्न सकिँदैन। यस्तैको बचावटका निम्ति डाक्टर कम्पाउन्डरलाई तपसिलका कुराको राम्रो ख्याल राख्नू भन्ने उर्दी थियो-

१) आफ्नो विभागको सफाइ र रोग बारेमा जाहेर गर्ने।

२) रोग नउठोस् भन्नका लागि आफूले देखेको उपाय जाहेर गर्ने।

३) कुनै रोग उठ्नेबित्तिकै जाहेर गरिहाल्ने।

अस्पतालका लागि कोही कोही सज्जनले दूध, रग, पाल र पलङ पठाइदिए। त्यसबाट धेरै मद्दत पुग्यो।

२. **मोफसल (पहाड)**

मोफसलका अस्पताल र औषधालयहरूमा पनि धेरै नोक्सान पर्न गयो,ससाना भए पनि बच्न सकेनन्। मधेसमा भन्दा पहाडमा ओखती गर्ने ठाउँको कम्ती छ, उल्टो पहाडैमा घाइतेहरूको सङ्ख्या बढ्ता भएकाले त्यहाँका अस्पतालहरूलाई औषधि गर्न पनि बहुतै बाधा पर्न गयो। राजधानीबाट नजिकै परेका ठाउँमा त पल्टनियाँ कम्पाउन्डरहरू सदरबाटै पठाइए, तिनीहरूबाट ३४० जनाको प्रथम चिकित्सा पनि भयो। बनेपा (पूर्व १ नं) मा एउटा असल कम्पाउन्डरको जिम्मामा १ अस्थायी अस्पताल करिब १ महिनासम्म रह्यो। त्यसबाट करिब १५० को ओखती भयो। त्यस ठाउँमा वैद्यहरू पनि पठाइए। पहाडतर्फ, त्यहीँको अस्पताल र

औषधालयबाट ३७६ जनाको औषधि भयो। सो र यहाँबाट पठाइएका मानिसबाट गरी अन्दाजी १०३२ जनाको औषधि भयो।

पश्चिमतिर बहुतै कम घाइते भएकाले त्यसतर्फका अस्पतालहरूलाई केही काम परेन। पहाडका गाउँहरूमा नाउ वा फाकफुक गर्नेहरूबाट पनि धेरैको ओखती भएको बुझिन्छ। यस्ता किसिमबाट औषधि हुनेहरूको गिन्ती असम्भवको कुरा छ।

३. मधेस

मधेसतर्फ मृत्यु सङ्ख्याझैं घाइतेको गिन्ती पनि कमै भएकाले भत्केका अस्पतालहरूबाट पनि केही औषधि हुन सक्यो। पूर्व मधेसतर्फ करिब ३ सय घाइतेको औषधि भयो। वीरगञ्जका घाइतेलाई ओखती गर्ने काममा रक्सौलको मिसनरी अस्पतालबाट पनि मद्दत भयो। वीरगञ्ज र भीमफेदी अस्पतालबाट भूकम्प गएको २-३ दिनभित्रै खबर आयो, परन्तु अरू ठाउँको खबर उति चाँडो आउन सकेन। खबरलाई पर्खेर केही फाइदा नभएकाले त्यस ठूलो भुइँचालोको केही दिनपछि राज्यभरका धेरैजसो अस्पताललाई जरुरी खर्चका निम्ति यति यति रुपैयाँ दिनू र बिरामीको राम्रो हिफाजत गर्न लाउनू भनी ठाउँ-ठाउँका माललाई सरकारबाट उर्दी गयो। तर, तारबाट पठाइएको भए पनि सबै समाचार टुटेकाले खबर चाँडो पुग्न सकेन।

गिन्ती गर्दा राज्यभरमा (प्रथम चिकित्सालगायत) १६ हजार ५ सय जनाजतिको औषधि भयो।

खास गरी राजधानीमा केही डाक्टर र स्वयम्सेवकहरूको परिश्रमसहितको काम बहुत तारिफलायक थियो। जति दुःख परे पनि दुःखमा सुख मानी ठाउँ-ठाउँमा गई घाइतेको उद्धार गर्ने र यी माथिका काममा मलाई सहायता दिने ती सज्जनलाई यो दफा खत्तम गर्नुभन्दा अघि मेरो हार्दिक धन्यवाद प्रकट गर्न चाहन्छु।

सातौं भाग

भूकम्प सेवक

दुःखी जनताको आर्तनादले कल्पेर कोही कोही देशका शुभचिन्तक र राजभक्तहरू दीनदुःखीको सेवामा तत्पर भए। सज्जनहरूमा यस्तो रुचि देखिएकाले र यस्तो समयमा यस्ता मानिसको ठूलो दरकार परेकाले एउटा "भूकम्प सेवक दल" खडा भयो। त्यस्तो दुःखको समयमा पीडितसेवा कर्मकर्ताहरूको सञ्चालक बन्ने सौभाग्य मिलेकोमा म मेरो भाग्य सम्झन्छु। ती कर्ताहरूको मुख्य हे.मा. रुद्रराज थिए। यो उद्योगमा श्री पं.क.ज. (हाल चिफ) पद्मशमशेर र ज. सूर्यशमशेरबाट समयानुकूल सहायता र प्रोत्साहन मिल्दै गएकाले र सबै भूकम्प सेवकहरूको पूर्ण सहयोग पाएकाले पनि त्यस महासङ्कटको समयमा केही न केही दुःखी गरिबको सेवा हुन सक्यो। यी सेवकहरूको सङ्ख्या करिब डेढ सयसम्म पुगेको थियो। अहिलेसम्म यस्तो काममा केही शिक्षा नपाएका भए पनि दुःखीको उद्धार गर्ने काममा हिम्मत हारेनन्, खुब राम्रो सेवा गरे।

सर्वप्रथम, हाम्रा यी भूकम्प सेवकहरूले अस्पतालमा मद्दत दिने र बस्तीको जाँच गर्ने काम गरे। ठाउँ-ठाउँबाट घाइते ओसार्न लरी, स्ट्रेचर लिएर पनि गए। कहीं आमा बिरामी थिई, दूधको बालक भोकै मर्न लागेको थियो, ओखती थियो, तर पथ्य थिएन। माघको महिना सुत्केरीको आङ ढाक्ने लुगाफाटो थिएन। यस्ता ठाउँमा भूकम्प सेवकहरू दूध, चामल र लुगाफाटो बाँड्न पुगे। औषधि गर्न जान्नेहरू प्रथम चिकित्सालाई चाहिने ओखतीको ब्याग (थैली) भिरेर सहर, काँठ, गाउँ

इत्यादिका कुना-कुनासम्म पनि पुगे । रेगुलर ट्रिटमेन्ट (दिनदिनै औषधि फेर्नु) का निम्ति अस्पालका शाखा खोलिएका ठाउँमा पनि सहयोग दिन तिनीहरू पुगे । ठाउँ-ठाउँमा यिनीहरूद्वारा कुवा, इनारको पानीमा औषधि हाली खान हुने बनाइयो । यिनीहरू नै पुलिसअड्डा, अस्पताल, टेलिफोनअड्डा र डाँकघरसमेतलाई मद्दत दिन पुगे ।

कहाँ केको जरुरी छ, कहाँको जनता केले पीडित छ, कहाँ पालोपहरा आवश्यक छ इत्यादि कुरा जाँचबुझ गरेर सरकारमा जाहेर गर्ने काम पनि यिनीहरूले गरे । कहाँ कुन दरभाउमा कुन चीज बिक्री हुन्छ बुझ्ने काम पनि तिनीहरूले गरे । कहाँ कति सफाइ छ, कहाँ छैन, के गर्नाले त्यहाँको सफाइ होला, कहाँ कति मरे, कति बेपत्ता छन्, कति घाइते भए, कति भोकभोकै छन्, घरहरूको अवस्था कस्तो छ इत्यादि कुराको जाँचबुझ गरी भिन्दाभिन्दै रिपोर्ट म्युनिसिपल अड्डा र पुलिस अड्डालाई दिने काम पनि यी आफूखुसी गर्नेहरूको हातबाट भयो । फलानो ठाउँमा यति मन्दिरहरू भत्के भन्ने कुराको रिपोर्ट म्युनिसिपल र पुलिस अड्डालाई दिने र भोकै परेका मानिसको लगत सरकारमा चढाउने काम पनि यिनीहरूले गरे । केही दाताले रुपैयाँ, लुगा, कपडा र दूधको थोरबहुत मद्दत पनि यो दलमा पठाइदिए ।

भूकम्प सेवकहरूले गरेका काम यहाँ छोटकरीमा लेखिन्छ-

१) अस्पतालमा मद्दत दिने ।

२) घाइते बिरामीलाई प्रथम चिकित्सा गर्ने ।

३) सफाइ जाँच गर्न जाने र कुवामा पोटास हाल्ने ।

४) ठाउँ-ठाउँबाट घाइतेलाई बोकी अस्पताल ल्याइदिने ।

५) बजारको दरभाउ बुझ्ने ।

६) भत्केका मन्दिरहरूको नाम टिप्ने ।

७) पुलिसलाई रिपोर्ट जम्मा गर्ने काममा मद्दत दिने।

८) पीडितलाई लुगा, दूध, चामल बाँड्ने।

९) पुरिएका मुर्दा झिक्ने, झिक्न लगाउने।

१०) टेलिफोन अफिस र डाँकघरमा मद्दत दिने।

११) बस्तीहरूको जाँच गर्ने।

१२) दुःखी गरिबको नाम टिप्ने।

आफ्नै घर भत्केको भए पनि आफ्ना जहानलाई खेत, बारी, चउरमा राखी स्वार्थको केही ख्याल नगरी स्वयम्सेवकहरूले पीडितको उद्धार गर्नका खातिर भोक, प्यास बिर्सी निरन्तर कर्तव्य पालन गरे।

यो सबै श्री ३ महाराजको मधेस तर्फबाट सवारी फिर्नुभन्दा अगाडिको कृत्य हो। सवारी फिरेकै दिन श्री ३ बाट यी सेवकहरूको उद्योगउपर प्रशंसा गरिबक्स्यो। फागुन १८ गते टुँडिखेलमा सारा भूकम्प सेवकहरूलाई आफ्नो अगाडि ल्याई हार्दिक धन्यवाद प्रकट गरिबक्स्यो। सरकारबाट यस्तो शुभकामको कदर गरिबक्सेकाले अब उप्रान्त सबैको सुकर्मपट्टि रुचि बढ्न जाला भन्ने आशा गरिन्छ।

यो भूकम्प सेवामा लाग्नेहरूमध्ये धेरैजसो मास्टर र छात्र वर्ग थिए। (त्यसमध्ये केहीले पटना युनिभर्सिटीको जाँच दिनुपर्ने भएकाले सो युनिभर्सिटीसँग लेखापढी गर्नुपऱ्यो, कारण उसबेला शिक्षा विभागपट्टि पनि मैले नै हेरेको थिएँ। पटनातर्फ पनि धेरै नोक्सान भएकाले जाँचलाई ४ महिनाको समय थप भयो।) यिनीहरू बाहेक पनि अरू बाहिरिया थोरबहुत थिए। ती सबै सेवकको सेवाका लागि बेग्लाबेग्लै बयान यहाँ लेख्ने विचार छैन। लेखूँ भने एक किताबै बन्न जाने सम्भव छ। तिनीहरूको पूरा प्रशंसा यो हातबाट हुन सक्दैन, न त यस्ता निस्वार्थी

सेवकहरू प्रशंसा खोज्दछन्। मलाई पूरा मद्दत दिने यी हाम्रा देशका सत्पुत्रहरूलाई बारम्बार हार्दिक धन्यवाद समर्पण गर्दछु।

माथि लेखिएको भूकम्पसेवक दल बाहेक अरू स्वयम्सेवकहरूका दल पनि खडा गरिए। तिनीहरूको नाम तल दिइन्छ-

क) महाराज सर्भेन्ट सोसाइटी-

यसमा देशी-विदेशी गरी करिब ५० जनाजति थिए। त्यसको सञ्चालक ए. हनुमानप्रसाद कायस्थ थिए। मारवाडी साहुहरू र अरू सज्जनले यसमा गरिबको उपकारका निम्ति चामल, दूध, रुपैयाँ इत्यादि पठाए। तिनीहरूबाट तपसिलमा लेखिएका काम भए-

१) गरिबहरूलाई लत्ताकपडा, चामल, दूध इत्यादि बाँड्ने।

२) घाइतेहरूको औषधि गर्ने।

३) जिउँदा र मरेका मानिसलाई झिक्ने।

ख) जुद्ध सेवा संघ-

यस दलमा जम्मा हुनेहरूको सङ्ख्या थोरै थियो तापनि पुरिएका जिउँदा र मरेका मानिस झिक्ने काममा धेरै मेहनत गरे। यो बाहेक घाइतेलाई ओखती गर्ने र अरू अवस्थाअनुसार चाहिने काम पनि यो दलबाट भयो। माघ २० गतेदेखि यी सबै दलले गरिरहेको काम पनि सरकारकै तर्फबाट हुने प्रबन्ध भयो।

भूकम्पपीडितको दु:ख हटाउन हरतरहबाट यत्न गरेका यी स्वयम्सेवकहरूको प्रशंसा गर्न कुन दिलले नचाहला?

आठौं भाग

भूकम्प पीडितोद्धारक रिलिफ फन्ड र विदेशीको सहानुभूति

भूकम्पको खबर थाहा हुनासाथ विदेशबाट नेपाल सरकारमा सहानुभूतिको वर्षा हुन थाल्यो। बेलायतलगायत अरू देशबाट समेत सहानभूति आयो। हिन्दुस्थानका बडा पुरुषहरूमध्ये कवि रवीन्द्रनाथ ठाकुर, पं मदनमोहन मालवीयहरूबाट सहानुभूतिको तार आयो। इन्डियन मेडिकल सोसाइटी र मारवाडी रिलिफ सोसाइटीले 'सहायता दरकार परे समर्पण गर्दछौं" भनी तार पठाए, तर सबैलाई धन्यवाद र कृतज्ञता जनाई जवाफ गयो। मारवाडी रिलिफ सोसाइटीलाई तल लेखिएको उत्तर गयो-

"तारको निम्ति धन्यवाद। अहिले सहायताको दरकार छैन।"

यो कुरा र भारत सरकारबाट पनि नेपाललाई सहायता दिने इच्छा प्रकट गरेकोमा नेपालबाट "त्यहाँ पनि नोक्सान पर्न गएकाले सहायता स्वीकार गर्न चाहन्नम्। यसरी दुवै देशमा नोक्सान परेको बखतमा आफ्नो सहायता आफैंले गर्न आवश्यक छ" भन्ने जवाफ गयो भनी विश्वमित्र छापामा छापिएको थियो। यो जवाफ प्रशंसायोग्य हो भनी २५ फेब्रुअरी १९३४ को एक अङ्ग्रेजी छापामा लेखिएको थियो। बेलायतले पनि नेपालको निम्ति धेरै फिक्री मानेको छ भनी १९९० साल माघ महिनाको खबर थियो।

राजधानीमा भूकम्प गएको केही दिनपछि नै २/३ भूकम्प सेवक दल खडा भई आआफूमा चन्दा उठाएर गरिबहरूलाई मद्दत दिन लागे। कसैले पैसा, कसैले लुगाकपडा, कसैले चामल दिए। सरकारबाट पनि यस्तो काम भयो। सो बारेमा अरू ठाउँमा पनि लेखिसकेको हुनाले पाठकहरूलाई यादै होला। १९९० साल फागुन १८ गतेको स्पिचमा तपसिलको वचनद्वारा "भूकम्प पीडितोद्धारक फन्ड" श्री ३ बाट खोलिबक्सेथ्यो-

"यो दुर्घटनाले पीडित भएका निराधार दीनदु:खीको उद्धार, सुधार, सहायता गर्ने उद्देश्यले 'भूकम्प पीडितोद्धारक संस्था' खडा गरी त्यसमा 'भूकम्प पीडितोद्धारक फन्ड' भन्ने नामको एउटा फन्ड खोलिबक्सेको छ। त्यसमा हामीबाट तीन लाख र बडामहारानीबाट एक लाख गरी चार लाख रुपैयाँ राखिबक्सेको छ। यो ठूलो पुण्यकार्यमा हामी पनि द्रव्य अर्पण गर्न चाहन्छौं भनी खुद आफ्नै इच्छाले श्रद्धा गरी अर्पण गर्न ल्याएको द्रव्य यो फन्डको संस्थाबाट यही सत्कार्यमा लगाइनेछ। दिनेहरूको नाम पनि प्रकाशित हुनेछ।"

यस फन्डबाट उठेको दाम "भूकम्प पीडितोद्धारक संस्था" अड्डाबाट नै खर्च गर्ने प्रबन्ध भयो। अहिलेसम्म सो फन्डमा कम्पनी रु. र नोट रु. गरी करिब २६ हजार २ सय र मो.रु. १० लाख ७५ हजार जति जम्मा भएको छ। खालि श्री ३ र अरू आठ-नौ जना भाइभारदारबाट मात्र मो.रु. १० लाख ५० हजार जति उठ्यो। विदेशबाट करिब नोट रु. (कं.रु.) २२ हजार र मो.रु. २१ हजार मात्र आएकोमध्ये बेलायतबाट करिब नोट रु. २ हजार ८ सय, जापानबाट नोट रु. ८ हजार ९ सय र हिन्दुस्थानबाट नोट रु. १० हजार ५ सय र मो.रु. २१ हजार थियो।

सो फन्डमा दाम पठाउनेहरूले हुलाकबाट वा आफैंले मुलुकीखानामा

पठाए वा लगे सो अड्डाले बुझिलिन्छ। विदेशीले अक्सर ब्रिटिस मिनिस्टरमार्फत् वा श्री ३ का हजुरमा पठाउने गरिराखेका छन्। त्यसरी आएको रुपैयाँ मुन्सीखानाले फन्ड विभागको मुलुकीखानामा दाखिल गर्ने गरेको छ।

तर, यो लेखिरहेकै बखतसम्म पनि दाताबाट थोरबहुत केही आइरहकै हुनाले फन्ड बन्द हुनुभन्दा अगाडि केही हजार बढ्ता उठ्ने सम्भव छ। सो फन्डमा जम्मा भएको दामबाट तल लेखिएबमोजिमको काममा खर्च भएको र हुने भइरहेको छ-

१) बिग्रेको घर बनाउन नसक्नेलाई बकस दिने।

२) खान नपाउनेहरूलाई सिधा दिने।

३) नयाँ बाटो सडक बनाउने काममा लागेको खर्च।

४) बाटो सडक तथा दुनियाँको घर पन्छाउन र अरू यस्ता काममा भर्ना भएका भर्तीहरूको तलब दिने।

५) पूर्व पहाडका खेती गर्न बिउ नहुनेलाई अन्नको बिउ खरिद गरी बाँडिदिने।

६) सापटी र फन्डको रुपैयाँ दिने काममा फाँट-फाँटमा समेत सरकारिया अफिसर, कारिन्दा खटिएका छन्, त्यसले नपुगी थप भर्ना भएका म्यादी कारिन्दाजतिको तलब खर्च।

१९९१ साल फागुनसम्मको “भूकम्प पीडितोद्धारक फन्ड” को आम्दानी खर्चको फाँटवारी लेखिएको छ-

आम्दानी

मो.रु.	कं.रु.	नो.रु.
१०,७५,१०४।६५	१,४७२	२४,८००

खर्च

	आसामी	**फाँट-फाँटबाट बाँडी खर्चभएको मो.रु.**	**खर्च हुन लागि रहेको मो.रु.**
१.	काठमाडौं सहर	६०,२१०	१७,३००
२.	पाटन सहर	२२,०९०	१९,०५०
३.	भादगाउँ सहर	१६,३९०	३,६००
४.	राजधानी चार भञ्ज्याङभित्रका गाउँ	७७,२५०	६,४००
५.	पहाड (घर बनाउन)	१४,५५०	१,९३,९००
६.	पहाड (अन्नको बिउ बाँड्न)	२०,०००	×
७.	राजधानी (खान नपाएकालाई)	६२,०००	×
८.	पहाड (खान नपाएकालाई)	१०,०००	×
९.	भर्तीको तलब र बाटो सफा पार्न	८२,५५६	१,०५,०००
१०.	अड्डा र कारिन्दा खर्च	१७,३००	×
	जम्मा	३,८२,३४६	३,४५,२५०

नवौं भाग

घरबाट मर्मत गर्ने कामपद्धतिको बन्दोबस्त र मद्दत

१) राजधानी

घर भत्किएकाले सडकहरू माटो र इँटले पुरिएका थिए, जानआउन साह्रै कठिन थियो। त्यसैले पहिलो काम नै यी सडकहरू खुला गरेर आवतजावत सजिलो गराउने हुन आयो। भूकम्प गएको केही दिनपछि नै यस कामको सुरु भयो। राजधानी तीन सहरमा यो काम सुरुमा केही दिन पल्टनियाँ जवानहरूबाट भयो तापनि यसमा धेरै मानिस चाहिने भएकाले केही गौँडामा "भर्तीहरू जम्मा गर्नू" भन्ने उर्दी गयो। पछि पल्टनमा खालि हुँदा यिनै भर्तीहरूलाई नै भर्ना गर्ने भन्ने भएकाले भर्ना हुन आउने भर्तीहरूको गिन्ती झन् बढ्न गयो। तलब महिनाको ८ देखि १० रुपैयाँसम्म थियो। तीन सहर बाहेक चार भञ्ज्याङभित्र अरू गाउँमा पनि यी भर्तीहरूबाटै काम चलाइयो। सोबाहेक पनि भाइभारदार दुनियाँकहाँ हजारौं अरूले जागिर खान पाए। पश्चिम १ नं. र पूर्व २ नं. सम्मबाट धेरैजसो आए, तसर्थ यी पहाडियाहरूले राजधानीभित्र निकै काम पाए।

पुलहरू धेरै बिग्रिएकाले मुख्य-मुख्य पुलहरू हप्तादिनमै तयार भए। कुनै कुनै पुल भत्के पनि एक ठाउँदेखि अर्को ठाउँमा आउजाउ बन्द हुने गरीकन बिग्रेनन्। यो एउटा भाग्यकै कुरा हो। भादगाउँ जाने बाटो मोटरका लागि ४ दिनमा र साँखु जाने करिब ७ दिनमा तयार भए। तर, चापागाउँ जाने मोटरको सडक (बीच-बीचमा अरू गाउँ परेकाले) २

महिनामा मात्र तयार भयो। यी बाहेक अरू सडकमा नोक्सान मामुली नै थियो। बाहिरका बाटाहरूभन्दा सहरभित्रका सडकहरू खुलाउन बढ्ता समय लाग्यो, कारण स्पष्टै छ। सहरभित्रका मुख्य-मुख्य सडकहरू केही महिना मात्रमा बिल्कुल तयार भए। काठमाडौंमा २ महिनाजति लाग्यो, पाटनमा २ महिनामा सिद्धियो, भादगाउँलाई ४ महिना लाग्यो। गाउँ-गाउँमा त ५-६ महिना पछिसम्म पनि सफा गर्दै थिए। थुप्रो पारिराखेको माटो, इँट वि.सं. १९९१ चैतसम्म पनि फ्याँकिँदैछ।

सडकमा माटोको थुप्रो सफा पार्न सुरु भएको साथै कसैकसैले आफ्ना बिग्रेका घर मर्मत गर्ने काम गरे पनि धेरैजसो भूकम्प गएको २५-३० पछि मात्र अर्थात् चैत महिनादेखि मात्र घर बनाउनपट्टि लागे। वर्षा नजिकै आएको र चाँडै मर्मत नगरे वर्षाले झन् बिगारिदिने देखिएकाले सबै आफ्नो घर बनाउने काममा सोही महिनादेखि दृढ भएर लागे। तर, पैसा कम्ती भएको बेलामा झन् काठपात, इँट महँगो भएर गयो।

घर बनाउन मुख्य आपत डकर्मी, बज्रकर्मी र सिकर्मीबाट भयो। ज्यादा दरकार भएकाले यिनीहरूले पहिलेको भन्दा बढ्ता ज्याला लिन थाले। यिनीहरूको गिन्तीभन्दा चाहा र खोजी नै बढ्ता भएकाले र घर बनाउनेहरूले भित्र-भित्रबाट बढ्ता ज्याला र खाजा दिन लागेकाले र यसो नगरेको खण्डमा नआउने पनि भएकाले यिनको निरखदर कायम रहन सकेन।

क्रमैसँग घर बनाउन पाएको भए वा कालिगढहरूको सङ्ख्या ज्यादा भएको भए आफ्नो देशकै कालिगढहरूबाट सबै काम चल्ने भई ज्यालामा जो भएको खर्च आफ्नै देशमा रही बेस हुने थियो तापनि सबैलाई एकैबाजी काम परेको र भत्केका घरको सङ्ख्याको दशांश पनि कालिगढको सङ्ख्या नभएको हुँदा देशबाट कालिगढहरू झिकाउने काम भयो। देशबाट झिकाइएका कालिगढहरू चाहेदेखि जरुरत परेका दुनियाँलाई पुऱ्याइदिने नपुगे अरू पनि झिकाइदिने कुराको सरकार तर्फबाट प्रबन्ध

भएको थियो। तर, त्यसतर्फ लोकको इच्छा नभई यहींका कालिगढलाई बरु पर्खेर बस्ने इच्छा गरेका हुनाले अरू बढी कालिगढ झिकाउने काम भएन। सरकारले र भाइभारदारले मधेस, मुग्लानबाट डकर्मी र सिकर्मी पथ्यराहरू झिकायो। तिनीहरूमध्ये धेरै मजफ्फरपुर, दरभङ्गा, बनारस, प्रयाग, गोरखपुर, पञ्जाबबाट आएका थिए। तिनीहरूको सङ्ख्या २ हजार जति थियो।

ती मधेसी डकर्मी, सिकर्मी आएकाले दुनियाँले यहाँबाट डकर्मीबाट केही काम लिन पाए तापनि डकर्मीहरूको प्रश्न छुट्न गएन। धेरैजसो डकर्मी, सिकर्मीले अवस्थाको फाइदा लिई ज्याला बढी लिने गरे। त्यसले गर्दा सबैलाई घर बनाउने खर्च विशेष बढ्ता पर्न गयो। तर, बासको लागि साबिकको भन्दा २-३ दोब्बर महँगै भए पनि सबै आफ्नो घर बनाउन कम्मर कसे। छिँडीसम्म भए पनि बस्नका लागि बनाउन वा मर्मत गर्न लागे। आफूसँग भएको पैसाले घर बनाउन सक्ने थोरै मात्र थिए, नपुग्नेहरूमध्ये कोही-कोही मात्र सापटी पाउन सक्ने हुन्थे।

गाउँ-गाउँमा दुनियाँले परस्परको मद्दतले आफ्नो घर पालैसँग उठाए। तर, सहरपट्टि यस्तो कारबाही बहुतै कम भयो।

घर पाताले भएका र पैसाको दु:ख पाएकामध्ये धेरैजसो छाप्रोमा अथवा कसैको घरमा बहाल तिरी बस्ने गरे। यिनीहरूमध्ये खास गरी मझौला दर्जाका मानिसको सङ्ख्या बढ्ता देखिन्छ। श्री चिफलगायत अरू धेरै ठूल्ठूला मानिससमेत बङ्गलामा अथवा टहरामा राज भइरहेको छ। साबिकको घरमा सर्ने कमै मात्र छन्। तर, अर्को वर्षसम्ममा त सबै भारदार र अरू साधारणको पनि बासको ठेगान लाग्ला भन्ने आशा छ।

राजधानीभित्रका दु:खी गरिबहरूले घर बनाउनका लागि अहिलेसम्म तपसिलमा लेखिएबमोजिम "रिलिफ फन्ड" बाट बकस पाइसके। सो बाँड्दा सापटी लिई तिर्न हविगत नभएकाहरूलाई छानी-छानी बाँडियो। यो काम चैत महिनामा सुरु भयो। राजधानीभित्र मो.रु. २,०६,५००

बाँडियो अर्थात् काठमाडौं सहरमा मो.रु. ६७,५००, पाटन सहरमा मो.रु. ३५ हजार, भादगाउँ सहरमा मो.रु. २०,००० र अरू भञ्ज्याङभित्रका गाउँमा मो.रु. ८४ हजार जति पर्न गयो।

सो बकस बाँड्दा तल लेखिएबमोजिम गरियो-

१) घर जाँची आफ्ना साबगासले घर बनाउन नसक्ने, सापटी लिई तिर्न नसक्नेहरूलाई मात्र बाँड्ने।

२) तीन सहमार मो.रु. ५ देखि मो.रु. २०० सम्म र अरू चार भञ्ज्याङभित्रका गाउँमा मो.रु. १०० सम्मका दरले बाँडियो। त्यसभन्दा बढी दिनलाई भूकम्प पीडितोद्धारक संस्थामार्फत निकासा लिई बाँड्ने गरेको थियो।

सो कामका लागि काठमाडौं सहरमा ४, पाटन सहरमा २, भादगाउँ सहरमा २, काठमाडौं सहरबाहिर फेरा गाउँमा २, पाटन सहर बाहिर फेरामा ६, भादगाउँ सहर बाहिर फेरामा २, फर्पिङमा १ र बनेपामा १ गरी २० फाँट गरी अफिसर, हाकिम, कारिन्दासमेत खटिई गएका थिए।

राजधानी (तीन सहर) र बनेपामा घर बनाउनेहरूलाई मद्दत दिनका खातिर उपल्लो ४ वर्षसम्मलाई निर्ब्याजी सापटी दिन मो.रु. ५० लाख परसारी श्री ३ बाट “भूकम्पपीडित सहाय ऋण” फागुन महिनामा खोलिबक्सेको कुरा लेखिसकिएको छ।

सो ऋण वैशाखदेखि बाँड्न सुरु भयो। त्यो सापटी (ऋण) बाँड्ने काइदा यहाँ छोटकरीमा लेखिन्छ-

१) रिलिफ फन्डबाट बकस पाइसकेकाहरूलाई सापटी नदिने।

२) तिर्न सक्ने हैसियत पुगेकालाई बकस र तिर्न नसक्ने दु:खीलाई सापटी नदिने।

३) सापटी दिँदा मानिसको औकात र घर, जमिनअनुसारसम्म लेखी दिन हुने।

४) दोस्रो, तेस्रोपटक दिनलाई पनि घर बनाए नबनाएको र रुपैयाँ खर्च भए नभएको अञ्जाम गरी मात्र दोस्रो र तेस्रोपटक बाँडिदिने बन्दोबस्त भएको थियो, पछि ९१ साल माघसम्ममा सबैलाई एकै पटक दिने बन्दोबस्त भयो।

५) काठमाडौं, पाटन र भादगाउँ यी तीन सहरभित्रलाई पक्की घरको निम्ति मो.रु. १५०० सम्म खटिएका हाकिमहरूले दिने, सोभन्दा बढ्ता दिनुपर्ने ठहरिएकोमा संस्थामा रिपोर्ट गरेर संस्थाले जाँची निकासा दिने।

६) माथिका यी तीन राजधानी सहर बाहेक अरू चार भञ्ज्याङभित्रका गाउँमा पक्की घरको निम्ति मो.रु. ५०० सम्म र कच्चीको निम्ति मो.रु. १०० सम्म दिने।

"भूकम्पपीडित सहाय ऋण" को १९९१ साल फागुन महिनासम्मको आम्दानी खर्चको फाँटवारी तल लेखिएको छ।

भूकम्पपीडित सहाय ऋण

आम्दानी

मो.रु. ५०,००,०००

खर्च

आसामी	**फाँट-फाँटबाट बाँडी खर्च भएको मो.रु.**	**खर्च हुन रहेको मो.रु.**
१. काठमाडौं सहर	१२,५०,३००	७,२००
२. पाटन सहर	५,६३,९२०	११,०००
३. भादगाउँ सहर	३,६८,९८०	५६,०००
४. राजधानी चार भञ्ज्याङभित्रका गाउँ	४,०२,१९०	३८,५००
५. बनेपा (पूर्व १ नं) र फर्पिङ	१,०२०	२९,०००
६. कर्कटपाता सस्तो मोलमा झिकाई बेच्न	४,२४,२८०	×
जम्मा	३०,१०,६९०	१,४१,७००

सोबाहेक घर बनाउनेहरूलाई मद्दत दिन तीन सहर राजधानीमा तपसिलको बन्दोबस्त पनि भयो-

तपसिल

१) सरकारले कर्कटपाता विदेशबाट झिकाई रोपवे महसुल घटाई भन्सार "वकुवाना" माफ गरी घर बनाउनेहरूलाई सस्तो मोलमा बेचियो। करिब मो.रु. ४ लाख जतिको बिक्री भयो।

२) काठ कटनी गराई परल मोलमा म्युनिसिपल अड्डाको दरखास्त लिई घर बनाउनेहरूलाई दलिन सत्तरी बेचियो।

३) ठाउँ-ठाउँमा इँटको अवाल र चुन, भट्टा खोलाई सस्तो मोलमा (अर्थात् इँटका लागि १,००० को मो.रु. ८ र चुनका लागि मो.रु. १ को ७ पाथीको दरले) बेच्ने बन्दोबस्त भयो।

४) पायक पर्ने र नजिकका जङ्गलहरूबाट १९९१ साल जेठसम्मलाई डाँडा, भाटा काट्न खुलाइबक्स्यो। त्यस कामको निम्ति ३ जर्नेल र १२ अफिसरहरू पनि खटिएका थिए। गाउँ-गाउँका मानिसलाई चाहिने डाँडाभाटा इत्यादि काठहरूको अमालीबाट लगत लिई उनीहरूबाट कटाउन लगाई दिने बन्दोबस्त भएको थियो।

यो पुस्तक लेखिएको बखतसम्ममा सयकडा ७० घर तयार भएको अञ्जाम छ। पश्चिम १ नं. देखि पूर्व इलाका र चार भञ्ज्याङभित्र घर हुने सरकारी नोकरहरू (जङ्गी, निजामती दुवै) लाई वर्षदिनभरमा तलबबाट कट्टी गरिसक्ने गरी चार-चार महिनाको पेस्कीसमेत बाँडियो। त्यसले पनि तिनीहरूलाई घर बनाउन मद्दत भयो।

सरकारी घर, मन्दिर इत्यादि-

सरकारी घर र अड्डा मर्मत गर्ने काम केही ठाउँमा सुरु भइसकेको छ। राज्यभर जताततै सरकारी घर भत्केकाले सबै मर्मत गर्न धेरै

समय मात्र होइन कि धेरै खर्च पनि लाग्नेछ।

मन्दिर र कलाकौशलका इमारतहरूको जीर्णोद्धार गर्ने काम पनि पछि नै सुरु हुने भएको छ। थोरै बिग्रेका देवलहरू मर्मत गर्न सकिए पनि चुर-चुर भएका पुराना-पुराना नेपालका कालिगढीका चिह्न भने सधैंका लागि लोप हुने भए। यो अपशोचको कुरा छ। तिनीहरूको ठाउँमा नयाँ बनाए पनि धेरै समय लाग्न जाला।

दुनियाँदारी पाटीपौवा, सत्तल पनि धेरै बिग्रेका हुनाले गुठी नभएका वा गुठी नासिसकेकाहरू तयार हुन मुस्किलकै कुरा देखिन्छ।

तर, मानिसको बासको धन्दा नछुटेसम्म त्यसपट्टि कति पनि दृष्टि जाओइन। १९९२ सालदेखि मात्र पाटीपौवा देवलपट्टि गुठियारहरूले वास्ता गर्लान्। सरकारका तर्फबाट धेरै ठाउँमा बन्न सुरु भएको छ।

सरकारी दरबारहरूलगायत अरू धेरै घरहरू पहिलेको भन्दा साना बनाउने विचार भएको छ। तर, ठूला घर बनाउन विशेष चाह हुने कोही-कोहीले पहिलेको भन्दा घर ठूलो बनाएको पनि देखिन्छ। तीन सहरमध्ये यो कुरा विशेष पाटनमा देखिएको छ। यस्तो रुचि असल सम्झन हुँदैन। सडक धेरै चौडा नभई खालि तला मात्र बढाउनु पछिका भुइँचालोमा झन् बढ्ता नोक्सान निमन्त्रणा दिनुजस्तै हो।

देशमा धेरै नाश भए पनि स्वास्थ्यलाई ठिक नगर्ने पुराना ढाँचाका बस्तीको ठाउँमा स्वास्थ्य विज्ञान मुताविकको खुला बस्ती बसाल्ने मौका यस्तै हो। यस विषयमा जापानले लोकलाई राम्रोसँग बाटो देखाएको छ। बिहारले पनि जापानकै शिक्षाको पछाडि लाग्ने विचार गरेको बुझिन्छ। यहाँ सहरहरूमा केही घर भत्केका, केही नभत्केका, केही मर्मत गरेर साबुद हुन सक्ने पनि धेरै हुनाले सारा घर भत्काई सडक चौडा गराउने काम गर्नु ठिक देखिएन। काठमाडौं सहरमा वसन्तपुरदेखि टुँडिखेलसम्म एउटा ठूलो र सफा सडक बनाउने प्रबन्ध भएको छ।

आजकाल घर बनाउनेहरूले पनि साबिककै काइदामा घर उठाएका छन्। भूकम्पले देखिएको परिणाम सम्झी गारो, छानो बलियो पार्ने काम थोरैले मात्र गरेका छन्। तसर्थ घर उठे पनि पछिको भूकम्पबाट बच्न सक्ने घर बन्यो भनी सम्झनु हुँदैन। अहिले उठाइएका घरहरू पहिलेका जस्तै कमजोरी छन् भन्ने लाग्दछ।

२) पहाड

पहाडतर्फ धेरै घर ढुङ्गा र माटोबाट बनाइने हुनाले र भूकम्पबाट भत्केका घरहरू बनाउनेहरूलाई "सनदले बन्द भइरहेका रूखहरू पनि काट्न दिनू" भन्ने सरकारबाट गौंडा-गौंडालाई सनद उर्दी भएको हुनाले धेरैजसोले आफ्नो बासको उठान गरिसके तापनि उठान गर्न नसक्नेहरू केही छन्। घर उठाउनेहरूलाई पनि खर नपाइएकाले घर छाउन मुस्किल थियो। अब वर्षापछि जङ्गलमा खर हुने भएकाले त्यो ल्याएर छाउन सक्नेछन्। तर, सिकर्मी, डकर्मीले ज्याला महँगो गरेका हुनाले घर बनाउन धेरैलाई मुस्किल पर्न गएको बुझिन्छ। यस्तो भए पनि आफू बस्नै पर्ने हुनाले घरबास उठाउन करै लाग्यो।

त्यसतर्फ वैशाख महिनासम्ममा घर बनाउन नसक्नेहरूलाई बाँड्न निकासा भई गएको र हाल पुस-माघमा भएको बन्दोबस्त र निकासा तल लेखिएको छ।

क) १९९१ साल वैशाखमा निकासा भएको रुपैयाँको फाँटवारी

इलाका (पूर्व)	घरबारी पैन्हामा परेका जवान १ के रु ५० को दरले।		भत्केको घर बनाउन नसक्ने के घर १ के. रु. २५ को दरले (पू. ३, ४ नं मा मात्र)		
	जम्मा घर	जम्मा रु.	जम्मा घर	जम्मा रु.	जम्मा
१ नं	१०	५००	×	×	५००
२ नं	१५	७५०	×	×	७५०
३ नं	२०	१,०००	८७	२,१७५	३,१७५
४ नं	१९	९५०	२६७	६,६७५	७,६२५
सिन्धुलीगढी	१०	१००	×	×	५००
उदयपुरगढी	१०	५००	×	×	५००
धनकुटा	२०	१,०००	×	×	१,०००
इलाम	१०	५००	×	×	५००
जम्मा	११४	५,७००	३५४	८,८५०	१४,५५०

ख) १९९१ साल पुस-माघमा निकासा भएको

पश्चिम १ नं. देखि पूर्व इलामसम्म ११ ठाउँमा सदरबाट अफिसर खटिई जिल्ला-जिल्लाका बडाहाकिम र मिलिसियाका १-१ अफिसरको मद्दत लिई घर बनाउन नसक्ने रैतीलाई (अघि जिल्ला-जिल्लामा गइरहेको दाममा थप बाँड्ने गरी) २ लाख जति बाँड्ने भई गएका छन्। पहिले तिनीहरूको लगत ठिक गरी कच्ची घरलाई मो.रु. ५ देखि ५० सम्म र पक्कीलाई मो.रु. १०० सम्म फन्डबाट दिने बन्दोबस्त भएको छ। बाबु, आमा वा इष्टमित्र नभएका केटाकेटी कोही भए त्यस्तालाई र

भूकम्पको सम्बन्धले जमिन नभएकालाई जमिन दिलाइदिने, खेतीपाती गर्न नसक्ने, जमिनको आमदबाट खान नपुग्नेलाई मो.रु. २० सम्म दिने। यी काम पनि माथिकै अफिसर र दामबाट गरिने भएको छ। सो खर्च "भूकम्प रिलिफ फन्ड' मा जम्मा भएको दामबाट हुने भएको छ।

३) मधेस

वीरगञ्ज, जलेश्वर, हनुमाननगर, विराटनगर जस्ता सहरमा धेरै पक्की घर भत्कन गएकाले चाँडै फेरि घर (सरकारी र दुनियाँ लगायतको) उठाउन सजिलो देखिँदैन। तर, गाउँ-गाउँका साना-साना घरहरूमा नोक्सान पनि कम र नोक्सान भएका पनि सजिलैसँग उठाउन सकिने भएकाले धेरैजसो उठिसके।

घर बनाउनु वा मर्मत गर्नुपर्ने दुनियाँदारलाई घर बनाउन मद्दत होस् भनी "भूकम्पले घर भत्कनेहरूलाई घर बनाउन जङ्गलबाट सालको लकडी पनि घर हेरी दिनू" भन्ने जिल्ला-जिल्लाका बडाहाकिमलाई उर्दी गएको छ।

दसौं भाग

अब घर बनाउँदा ध्यान दिनुपर्ने कुरा

नेपाल पृथ्वीको बराबर भूकम्प हुने भागमा परेको बुझिन्छ, त्यसमा पनि खास गरी यो पालि नोक्सान पर्न गएका ठाउँहरू नै देखिन्छन् भनी भूगर्भ विद्या जान्नेहरूले भनेका छन्। यो कुराको पुष्टचाइँ इतिहासबाट पनि मिल्छ। तसर्थ हाल र भविष्यमा भूकम्पबाट बच्ने किसिमको घर वा सहर बनाउन बहुतै आवश्यक देखिन्छ।

अब पछिका नयाँ घर बनाउनेहरूलाई केही फाइदा हुन जाला भन्ने हेतु र इच्छाले यो परिच्छेद यहाँ घुसाएको हुँ। भूकम्पनिवारक घर कस्तो हुनुपर्छ भन्ने कुरा बाहेक पनि नेपालका घरहरूमा के के कैफियत वा कमजारी रहेछ भन्ने कुराको ज्ञान यो महाभूकम्पबाट भयो।

सर्वप्रथम राजधानी र मोफसलतर्फ समेत जाँच गर्न आएका भूगर्भ विद्वान र इन्जिनियर मिस्टर अडेनको उपदेश लेख्दछु (यो उपदेश गोरखापत्रमा पनि प्रकाशन भएको थियो।)

१) घर बनाउन असल-कमसल जग्गा

संवत १९९० को भूकम्पको बयान बिहार प्रान्तमा नपाइए पनि यहाँ (नेपालमा) राम्रोसित पाइएकाले यो राय प्रकट गर्न खुब मद्दत भयो। १८९० र १९९० का भूकम्पहरूले गरेका नोक्सानीहरू घटीबढी छन् तापनि ठाउँहरू मिल्न आएको देखिनाले जमिनको गुणअनुसार धेरै नोक्सान हुने वा नहुने जग्गा हुँदा रहेछन् भन्ने अनुमान गर्न सकिन्छ।

यसै कारणले भादगाउँ, हरिसिद्धि, खोकना र बुङमतीको भेगलाई भूकम्प हुँदा सबभन्दा सबभन्दा ज्यादा नोक्सान हुने जग्गा र पशुपतिनाथ, बौद्ध र गोकर्णको भेगलाई सबभन्दा निर्भयको जग्गा भन्ने ठहराइन्छ। स्वयम्भूनाथ र कीर्तिपुर पनि निर्भयको ठाउँ हो, तर यही दुवै साह्रै साना हुनाले सहर पूर्व-दक्षिणतर्फ बढाउनु बढिया छैन। नेपाल-तराईमा विशेष गरी नदीनाला र पोखरीहरूको नजिक घर बनाउनु ठिक देखिँदैन। यस कारण अब उप्रान्त घर बनाउँदा भूकम्पले ज्यादा बाधा गर्ने वा नगर्ने ठाउँको विचार गर्नुपर्ने जरुरी देखिन्छ। पशुपति, बौद्ध, गोकर्ण र नयाँ बिजुलीको काम भएको सुन्दरीजलपट्टि नै सहर बढाउनु ठिक पर्ला।

२) **भूकम्पनिवारक घर**

जमिनको गुणअनुसार मात्र भूकम्पबाट हानि हुने होइन, घरको बनावट, त्यसमा लागेको माल, सामान र कालिगढीमा पनि हानि ज्यादा वा कम हुने कुरा निर्भर गर्दछ। किनभने ज्यादा नोक्सान भएका घरहरू धेरै तला भएका, गुम्बज, लट्ठा भएका, धेरै ग्याल भएका, एउटा घरसँग अर्को घर दाँती नमिलाई जोडिएका, बाहिरपट्टि सग्लो इँटबीचमा टुक्रा हाली बनेका, गारोमा बन्धन नभएका माथिल्लो भागमा ज्यादा बोझ भएका, बज्र नलगाई माटोमा बनेका देखिए। अब उप्रान्त कुनै इमारत खडा गर्दा यी दोष नरहने गर्नुपर्दछ। राम्रो गरी एक नाससँग पाकेको चौरस मिलेको इँट काममा लगाउनुपर्दछ।

नेपालमा इँट राम्रोसँग नपोलिएको देखियो। बिहारिया पाको इँटमा राम्रोसित बज्र लगाई बनाइएका घर धेरै बचे। यहाँ पनि तेलिया इँटले राम्रो गरी दाँती मिलाई बनेको घर बज्रमा बनेको नभए पनि नोक्सान भएको कम देखिन्छ। असल मालसामान लगाए वा सामान नभए पनि असल काइदासाथ घर बनाए नोक्सानी जरुर कम हुँदोरहेछ भन्ने देखिन्छ। ठूल्ठूला घर, दरबार बन्दा सामान र फाइदा दुवैको विचार राख्नुपर्छ।

ससाना घर कम खर्च गरी बनाउँदा यी कुराको खुब याद राख्नुपर्छ-

पाको र काँचो मिसावट इँटको घर एकतलेभन्दा अग्लो हुनु हुँदैन। पहाडमा धेरैजसो घर ढुङ्गाले बनेका हुन्छन्। ढुङ्गाको घर बनाउँदा ढुङ्गालाई राम्ररी काटी मिलाएर लाउनुपर्छ। अथवा चारपाटे गरी काटेको पक्षमा गारो बलियो हुन्छ। छानो हलुका गर्नुपर्छ। काठ वा नर्कट (निगालो) बाँसले बनाएको घर भूकम्पको निम्ति बहुत मजबुत हुन्छ। डल्लाडुल्ली ल्याई थुपारेर बनाएको घर भूकम्पमा अड्दैन। यसको प्रत्यक्ष प्रमाण धरान र उदयपुरगढीमा मिल्यो।

इँट सकेसम्म बज्रमा लाउनुपर्छ। माटोमा लाएको गारोभन्दा बज्रमा लगाएको गारो पातलो पारे पनि हुने हुनाले बज्रको खर्च इँट कम लागेकोबाटै धेरैजसो उपर हुन्छ। फेरि मजबुतसमेत हुने हुनाले आखिर यसैमा किफायत ठहर्न आउँछ। इँटको घर ३४ हातभन्दा बढ्ता अग्लो हुनु ठिक छैन। जापानमा त जस्तै मजबुत सामान लाए पनि ६७ हातभन्दा अग्लो घर बनाउन पाइन्न।

साधारण रीतिले बनेको घरमा लट्ठा गुम्बज नहाल्नू, ज्याल धेरै नहाल्नू, यसले गारो कमजोर हुन्छ। गारोमा बन्धन हाली एउटाले अर्कोलाई अड्याउने गर्नुपर्छ। घर जोड्दा अघिको गारोमा दाँती, जोड मिलाई एउटा घरजस्तो पारी भूकम्प हुँदा जम्मै एक भई हल्लिने, आपसमा ठक्कर नखाने तुल्याउनुपर्छ। गारोको बीचमा पनि सग्लै इँट हाली, जोड मिलाई बनाउनुपर्छ। टुक्रा हाली बनेको पातलो गारो मजबुत भई इँटसमेत कम लागी किफायत हुन्छ। छानाको लागि मट्टीतेलको कनिस्टर पिटी त्यसले छाए राम्रो नदेखिए पनि पानी राम्रै गरी बग्दछ।

सर्वसाधारण दुनियाँलाई बढिया सामान पुगिसरी नआउने हुनाले उनीहरूका घरको छाँट यस्तो हुनुपर्छ कि बढिया सामान नभए पनि भूकम्प हुँदा जिउज्यानको खतरा कम हुने होस् अर्थात् काँचो पाको

इँटको घर सकेसम्म हलुको छाँटबाट एकतले मात्र बनाउनू। इँटका लट्ठाहरूभन्दा काठका थामहरू बढिया हुन्छन्। छानो सकेसम्म हलुको होस्। तेलिया इँटले बनेको वा साधारण पाका इँटका बज्रमा बनेका घरहरू मात्र १ तलाभन्दा बढ्ता उँचा हुन सक्छन्।

३) घर बनाउने समय

"हिन्दुस्थानी छापामा भूकम्प भएको ठाउँमा जमिनको नोक्सानको हालत हेरी वर्षदिनदेखि ३ वर्षसम्म घर बनाउन हुन्न भनी लेखिएको छ। तर, नेपालको जमिनको अवस्थाको तुलना बिहारसँग गर्दा धेरै फरक पाइन्छ। तसर्थ यहाँ मर्मतको काम अहिले (१९९१ सालमा) नै सुरु भए पनि केही हानि छैन। धेरै ठाउँमा सुरु भइसकेको पनि छ। समयका बारेमा केही सङ्कोच मान्नुपर्ने कुरा छैन। तर, सामान र काइदा भने पहिलेको भन्दा अलि बदल गरी सकेसम्म भूकम्पनिवारक बनाउनुपर्छ। यो भएको छ छैन। ठूल्ठूला घर नयाँ बनाउने हकमा वर्षा खत्तम नभई मालसामानै जुट्ने छैन। त्यसपछि भने निःसन्देह बनाउने काम सुरु गरे हुन्छ। तराईका एक/दुई ठाउँमा जमिन फाटेको र बालुवा निस्केको अलि बढ्ता भएको ठाउँमा पनि वर्षापछि मर्मत गर्न सुरु गरे ठिक हुन्छ।"

खास गरी हाम्रो देशमा इन्जिनियरहरूका लागि यो कम्प अद्भूत हुन आयो। घर बनाउँदा पछिलाई के कुराको होस राख्नुपर्छ वा कुन भागमा बढ्ता बलियो पार्नुपर्छ भन्ने कुरा दृढ गर्न कठिन पऱ्यो। कारण, एक ठाउँमा सिकेको अर्को ठाउँमा हेर्दा उल्टो देखिने पनि भयो। तसर्थ इन्जिनियरहरू आपसको राय पनि नमिल्ने देखियो। तर, यस्तो भए पनि अहिलेसम्म त एक किसिमको दृढ राय बनेको बुझिन्छ।

भूकम्पका लागि रिइन्फोर्स्ड कङ्क्रिट* (फलामको दलिन र सिमेन्टको

---

* सिमेन्ट बनाउने काइदा प्रो खडानन्द शर्माले तलको वचनद्वारा बताएका छन्-

गारो राखी बनेको घर) ले बनेको घरजस्तो बलियो अरू कुनै हुँदैन भनी सबै इन्जिनियरले एकै स्वरमा भनेका छन्। यहाँ यस्तो किसिमको घर नभएकाले त्यसको भाउ स्पष्ट देख्न सकिएन तापनि विदेशतिरका भुइँचालोले यो कुराको सत्यता देखाएका छन्। जापानको भूकम्प (१९८० साल) मा इँटले बनेको घर सयकडा ५४ भत्के भनी लेखेका छन्। तसर्थ अब नयाँ घर बनाउनेहरूले सके भने कङ्क्रिटको घर बनाउनु उचित छ भनी भनेका छन्।

यहाँ राजधानी खाल्डोमा किफायतसाथ सिमेन्ट बन्न पनि सक्छ। यस्तो एक कारखानाको खुब दरकार पनि देखिन्छ भनी कलकत्ताको जार्डिन नाउँ गरेका एक असल इन्जिनियरले भनेका छन्। तर, सिमेटको घर बनाउन धेरै खर्च लाग्ने भएकाले थोरैले मात्र यसको फाइदा उठाउन सक्छन्। तसर्थ साधारण दुनियाँका लागि जसको गिन्ती धेरै छ, यो कुराबाट केही फाइदा छैन। बढिया सामान काममा लगाउन नसक्ने, मामुली तरहसँग मर्मत गर्न इच्छा गर्नेहरूका लागि एक इन्जिनियरको राय यहाँ लेख्दछु।

क) साना घर विषय

घरको सबभन्दा कमजोर भाग- किलास, गारो (दलिन नराख्नुपरेकाले)।

यसको बचावट- नस लामो राखी चुकुल ठोकी ४/५ वटा दलिनसम्म तान दिनुपर्दछ। पाको काँचो इँट मिलाई बनाएको गारोमा खालि चिरिएको मात्र भए दायाँबायाँको एक-एक इँट झिकी, माटो गोबर मिलाई, घोली कोचिदिनुपर्छ।

चुनौटे ढुङ्गा २५ मन, बालुवा अथवा ढुङ्गा नमिसिएको घर बनाउने असल कालो माटो ७० मन, खियाको रङ भएको असल फलामे ढुङ्गा ५ मनलाई पानीसँग घट्टमा पिँधी, मसिनो धूलो पारी, ज्यादै गरम आँचमा सुकाई, चुन अथवा इँट पोल्ने भट्टामा पोली, जाँतोमा वा घट्टमा पिँधी मसिनो धूलो पार्नुपर्छ। नयाँ धूलो काम लाग्दैन। यसकारण, यो धूलोलाई आठ दस महिना त्यसै पडिरहन दिई अनि काममा लाउनू।

ख) ठूला घर विषय

कमजोरी देखिएको भाग- किलास, गारो, गुम्बज, छाना।

गुम्बजको बचावट- चिरिएको भए चिरिएको ठाउँमा सिमेन्ट या बज्रको टिपकार दिनुपर्छ। किलास गारोमा सत्तरीसम्म तान दिनुपर्छ, १० फिट उचाइ, २ फिट चौडाइ भएको गारो २/३ इन्च ढल्के पनि विशेष हानि हुँदैन।

अघि लेखिएको मिस्टर अडेनको राय बहुत स्पष्ट छ तापनि निज सज्जन बिरानो मुलुकको बासिन्दा हुनाले हाम्रो हालत अवस्थाको पूरा ज्ञान नभएको होइन। तसर्थ निजको रायअनुसार चल्न केही बाधा पनि पर्न जाने होला। यसनिम्ति यहाँको एक असल इन्जिनियर कप जङ्गविक्रम राणाको उपदेश र विचार लेख्दछु। तपसिलमा लेखिएबमोजिम बनेका घरहरूमा भूकम्पबाट बढ्ता नोक्सान पर्न गएको देखियो-

तपसिल

१) काँचो, ज्यादा पाको वा चिरिएको इँटले बनेका र माटो लगाई बनेका भित्ताहरू।

२) थोरै चौडाइ भई उचाइमा ज्यादा अग्लो भएका घरहरू।

३) छाना गह्रौं भएका घर।

४) दाँती राम्रोसँग नमिलाई बनेको गारो।

५) गुम्बज।

६) धेरै ढोकाज्याल भएका घर।

७) खराब जमिनमा जग पर्न गएका र जगको चौडाइ कम भएका घर।

८) पोकापोकी, दलान बढ्ता भएका घरहरू।

९) राम्रो जोड नमिलाई पछि थपिएका लङ, कोठाहरू

१०) इँटका लट्ठाहरू ।

११) कम चौडाइ, तर ज्यादा बढ्ता लम्बाइ भएका घर ।

१२) बीचमा भन्दा छेउछेउका कुनामा अग्लो भएका घर ।

अब घर बनाउँदा तल लेखिएका कुराको विचार राख्नु उचित छ-

१) जग बलियो र मजबुत गराउनुपर्दछ । त्यसको गहिराइ जमिनको गुण हेरी हुन्छ । त्यसको गज पूरा हुनुपर्दछ, यसो गर्नाले भूकम्पको असर धेरै जग्गामा फिँजिने हुन्छ ।

२) इँट असल हुनुपर्छ (पालिसदार इँट सबभन्दा उत्तम हो) ।

३) घरको सबै भागमा राम्रोसँग दाँती मिलाउनुपर्छ अर्थात् छुट्टा-छुट्टा भाग हुन नपाओस् ।

४) झ्याल-झ्यालको बीचमा प्रशस्त जग्गा राख्नुपर्छ ।

५) पोकापोकी र मोफतका बुट्टा कम राख्नुपर्छ ।

६) हुन सके फलामको सत्तरी र सिमेन्ट राखी घर बनाउनू । चुन बज्रको गारो पनि मजबुतै हुन्छ । चुन बज्र लगाई बनाउँदा खर्च बढ्ता हुन जाने हो तापनि इँट कम लगाए पनि हुने हुनाले त्यसतर्फबाट केही किफायत हुन जान्छ ।

७) इँटको भन्दा काठको लट्ठा बढिया र बलियो हुन्छ ।

८) भित्ताको कुना-कुनाको दाँती राम्रोसँग मिलाउनुपर्छ ।

९) गुम्बज बनाउँदै नबनाउनू । ढोका-झ्यालमाथि कोपु हाल्नु बढिया छ ।

१०) घर बनाउँदा उचाइ कत्रो गर्नुपर्दछ भन्ने कुरा काममा लगाइने माल सर्जामबाट अनुमान गर्न सकिन्छ । असल सर्जामले बन्ने घर केही अग्लो भए पनि हुन्छ, तर उचाइ जति कम उति बढिया ।

११) छानो सकेसम्म हलुको होस् । कर्कटपाता नपाउनेहरूले मट्टीतेलको

टिनको छानो हाल्नु उचित छ । यसबाट पानीको बचाउ हुन सक्छ ।

१२) धनीहरूले रिइन्फोर्स्ड कङ्क्रिटको घर बनाउनू वा बज्रको गारो राखी ग्यालढोकामा कोपु हाल्नू । साधारण मानिसले माटोको गारो राख्नू, तर घर भने होचो हुनुपर्छ । गरिबहरूले ससाना घर, झुपडी हलुका वस्तुको छानो राखी बनाउनुपर्छ ।

घर, इमारत बनाउनेपट्टि मात्र होइन, सहर निर्माण सम्बन्धको कुरामा समेत हाम्रो ज्ञान बढ्न गएको छ । यो कुरामा जापानले सबै लोकलाई बाटो देखाएको थियो । भूकम्पले ध्वस्त पारेका सहरहरूको ठाउँमा झन् राम्रा, ठूला र मजबुत सहरहरू उत्पन्न गराएको थियो । ससाना गल्ली, सडकबाट भूकम्पमा धेरै ज्यानको नोक्सान हुन गएकाले तिनीहरूले ठूल्ठूला सुग्घर सडक बनाए । तसर्थ हाल जापानका सहरहरू भूकम्पका लागि निर्भय मात्र होइन कि अघिको भन्दा धेरै नै स्वास्थ्यमा हानि नपार्ने र सफासुग्घर भएका छन् भनी भन्दछन् । सहर निर्माण गर्ने मौका यस्तै हो भन्ने कुरा जापानले तारिफलायक हुने गरीकन देखायो, जसका लागि उसको सबैले पूरा प्रशंसा गरेका छन् ।

हाम्रो देशमा पनि ध्वस्त भएका घर, इमारत र सहरको धूलोबाट पहिलेको भन्दा राम्रो, बलियो र सुग्घर बस्ती भएको सहर उत्पन्न हुन जाओस् भनी प्रार्थना गर्दछु ।

एघारौं भाग

भूकम्पको वैज्ञानिक जाँच

यो महाभूकम्पको कारण के हो, नेपालमा कुन कुन जगगामा बढ्ता नोक्सान पऱ्यो, सबभन्दा कडा कम्प कुन ठाउँमा गयो भन्ने इत्यादि कुराको ज्ञान तपसिलमा लेखिएको बयानबाट मिल्छ। यहाँ भूकम्प जाँच्ने यन्त्र (सिस्मोग्राफ) नभएकाले भुइँचालोको वैज्ञानिक विकास लिन सकिएन, न त परकम्पहरूको ठिक गिन्ती राख्न सकियो। तसर्थ यो परिच्छिेदमा लेखिएका कुराका लागि विदेशीसँग ऋणी छौं।

प्रथम, भूगर्भ विषयमा जाँच गर्नलाई नेपाल सरकारबाट १९९१ साल चैतमा (अङ्ग्रेज सरकारबाट मगाई) ल्याइबक्सेको एक प्रख्यात भूगर्भ विद्वान मिसट जेवी अडेनको रिपोर्ट लेख्दछु। परन्तु, सो रिपोर्ट भूगर्भविद्यासम्बन्धी र जमिनको माटो जाँचसम्बन्धी भएकाले प्रशस्तै लामो छ। यहाँ त्यसको आवश्यक कुरा केलाई सबैले बुझ्न सक्ने सानो रिपोर्ट (जुन गोरखापत्रमा पनि छापिएको थियो) मात्र लेख्दछु-

१. भूकम्पको कारण

भूकम्पका दुई कारण छन्-

क) ज्वालामुखी पर्वतसम्बन्धी- पृथ्वीभित्रको बल्ने वस्तुद्वारा जमिनभित्रका पत्थर, धातु इत्यादि पग्लने भई त्यसको बाफ निस्कन खोज्दा भित्र खलबल मचिई एक किसिमले लहर चलेर भूकम्प हुन्छ।

यसलाई ज्वालामुखीसम्बन्धी भूकम्प भन्दछन् । यो धेरै टाढासम्म जाँदैन ।

ख) जमिनको बनावटसम्बन्धी- जमिन बन्दै आउँदा तहमाथि तह बस्दै आउँछ । यीमध्ये कुनै ठाउँमा कुनै तहहरू माटोको गुणले कमजोर भई बखत-बखतमा आफूमाथिको बोझ थाम्न नसकी टुट्न जानाले अरू तहमा खलबल पर्छ र जमिनमा एक किसिमको लहर चली भुइँचालो जान्छ । यसलाई जमिनको बनावटसम्बन्धी भूकम्प भन्दछन् । यसले टाढासम्म फिँजिएर ज्यादा नाश गर्दछ । यस्ता ठाउँमा फेरि फेरि पनि भूकम्प गइरहने हुन्छ ।

नेपाल देशभरमा ज्वालामुखी पर्वत भएको चिह्न पाइँदैन । ताप्लेजुङ (पूर्व ३ नं) मा ज्वालामुखी फुटी गाउँघर जम्मै ध्वस्त पार्‍यो भन्ने खालि हल्लै मात्र रहेछ । तसर्थ यस देशमा र बिहारमा समेत भएका भूकम्प जमिनको बनावटैको कसरबाट भएको बुझिन्छ । यस कारण नेपाल र बिहार प्राप्त पृथ्वीको बराबर भूकम्प जाने भागमा परेको बुझिन्छ । तसर्थ नेपालमा पछि हुने भूकम्पदेखि बचावट हुने प्रबन्ध गर्नु अति आवश्यक छ ।

२. नेपालमा परेको बिगारको बयान

राजधानी खाल्डो

नेपाल राजधानी खाल्डोमा परेको बिगार तीन तहमा छुट्ट्याउन सकिन्छ-

क) सबभन्दा ज्यादा नोक्सानी दक्षिणपूर्व भागपट्टि उच्च जमिनमा रहेछ । यो ठाउँ भादगाउँदेखि लिएर लुभु, सानागाउँ, हरिसिद्धि, बुङमती र खोकनासम्म पर्दछ । यी ठाउँमा भूकम्पको वेग १ सेकेन्डको १०.७ फिटसम्म थियो ।

ख) दोस्रो तहमा काठमाडौं, पाटन, साँखु र थानकोटको आसपास गाउँ पर्दछन्। यही तहभित्र धेरै दरबार पर्दछन्।

ग) तेस्रो तहमा अरू बाँकी ठाउँ पर्दछन्। कीर्तिपुर, स्वयम्भू, पशुपति र वरिपरिका ढुङ्ग्यान डाँडाहरूमा उति नोक्सान भएको छैन। गोकर्ण, मनहरा र सुन्दरीजल फाँटमा पनि कमै नोक्सान भएको देखियो।

सबभन्दा बढ्ता नोक्सान भएको ठाउँमा पनि एकै किसिमको नोक्सानी देखिन्न। भादगाउँका सडकमा लहरै रहेका घरहरूमा पनि कुनै सडकमा ६ मा ६, कुनैमा ८ मा ७, ६ मा ५ र ५ मा २ घर नोक्सान देखिन्छ।

भूकम्पको तोड जमिनको गुण हेरी हुन्छ, ढुङ्ग्यान ठाउँमा भन्दा बलौटो, फुस्रो जग्गामा भुइँचालो बढ्ता बेगले जान्छ। तेलिया इँटका दाँती मिलाई बनाइएका घरमध्ये धेरैजसो साबुतै छन्। दरबारहरूमा शोभाको निम्ति दायाँबायाँ तानिएका खण्डहरू बिग्रेका देखिन्छन्। बजारका घरहरू धेरैजसो इँटबाट बनेका छन्, तर गारोको इँटमा राम्ररी जोर्नी नमिलेकाले र छाना र तलाका दलिन सत्तरीको र गारोको इँट वा काठका खम्बामा राम्ररी चुकुल नकसिएकाले नै ज्यादा बिगार हुन गएको बुझिन्छ।

मोफसलतर्फ

सिरहा र उदयपुरगढीमा यहाँको दोस्रो किसिमको नोक्सानी छ। सिरहामा जमिनबाट बालुवा निस्के पनि खेतलाई ज्यादा नोक्सान हुने गरी निस्केको छैन, बरु सो बालुवासमेत जमिनमा हलो जोतिदिए मट्टीमा बालुवा मिली बेसै होला कि जस्तो पनि छ। उदयपुरगढी भने निकै बिग्रेको छ, अलि फस्को ढुङ्गा र माटो भएकाले वर्षामा अझै नोक्सान हुने सम्भव छ। त्यहाँबाट "माउन्ट एभरेस्ट" (पृथ्वीमा सबभन्दा उच्चो टाकुरो) पनि देखियो। त्यो पर्वतको टुप्पा लडचो भन्ने कुरा साँचो

रहेनछ। यो सन्तोषजनक कुरो हो।

पूर्व नेपालपट्टि विराटनगरमा नयाँ धान गोदामहरू जस्तै टिनका छाना भएका काठका घर बचेका छन्, तर इँटका घरहरू निकै बिग्रिएका छन्। दलिन र गारोमा राम्रो चुकुल ठोक्ने नगरेकाले घरहरू कच्चा भएका हुन्। धनकुटामा अस्पताल कचहरी र बडाहाकिमको घर बिग्रेको छ। तर, मूल बजारमा भने सानातिना चिराबाहेक उस्तो केही भएको छैन। एकै डाँडामा भएकाले अरू घर बिग्री बजार बच्नु अनौठो हो। तर, धनकुटाको उत्तर-पश्चिम कुनामा २ कोस एक ठाउँ, ४ कोस अर्को ठाउँमा पहिरो गई निकै नोक्सान भएको छ। धारापानीनेर अझ पहिरो जाने डर छ। चैनपुरमा नोक्सान कम भएको छ। वरिपरिका गाउँघरमा पनि केही भएको छैन। ताप्लेजुङमा ज्वालामुखीसमेत फुटी ज्यादै नोक्सान भयो भन्ने कुरा हल्ला मात्र ठहरियो। भत्केको घर त खालि ग्यालखाना मात्र रहेछ। बजारतिर एकाध घरमा अलि-अलि चिरिएको देखिन्छ तापनि गणना गर्न लायकको नोक्सानी केही छैन। पहिरो गएको पनि पुरानो रहेछ। नयाँ गएको देखिएन।"

यी माथिका कुरा बाहेक घर बनाउनलाई असल-कमसल जग्गाको बारेमा र भूकम्पनिवारक घर बनाउने विषयमा पनि आफ्नो राय त्यस रिपोर्टमा दिएका छन्।

अर्को भूगर्भ विद्या जान्ने अफिसर मिस्टर एल फर्मरको तल लेखिएको रायबाट पनि माथिका कुरालाई पुष्टचाइँ मिल्दछ-

"१९९० सालको महाभूकम्प जमिनको बनावट सम्बन्धीबाट उत्पन्न भएको हो। पृथ्वीमा जीवशक्ति भएकाले बराबर जमिनको स्वरूप अदलबदल भइरहन्छ। केही ठाउँमा मैदानबाट पर्वत बन्न जान्छ र केही ठाउँमा पर्वत मैदान बन्न जान्छ। प्रकृतिको यस्तो अदलबदल बहुतै बिस्तारसँग हुन्छ तापनि यो स्थिति सधैं चलिरहन्छ। प्रकृतिको

यस्तो परिर्वनको परिणाम कहिले कहिले कडा भूकम्प हुन आउँछ। परन्तु जमिनको यसरी अदलबदल हुँदा केही ठाउँमा बढ्ता माटो थुप्रिन जाने केही ठाउँमा कम हुन जाने पनि हुन्छ। यस्तो बढ्ता माटो थुप्रिन जाने भागलाई "जिओसिनक्लिनल बेल्ट" भनिन्छ जुन भागमा विशेष अदलबदलको खेल हुन जान्छ। हिन्दुस्थानमा यस्ता तीनवटा भाग छुट्टचाइएका छन्-

१) हिमालय २) बलुचिस्तान ३) आसाम-बर्माको साँध।

यी जग्गाभित्र र यिनीहरूका वरिपरिका ठाउँमा अरू ठाउँमा भन्दा बढ्ता भूकम्प जाने सम्भव छ। यो गएको भूकम्पको हिमाल खण्डसँग सम्बन्ध पर्न आएको छ। यो भन्दा अगाडि १९६१ साल (सन् १९०५) मा काङ्ग्रा र पन्जाबमा गएको ठूलो भुइँचालो पनि यही हिमाल विभाग सम्बन्धी थियो। (काङ्ग्रा काठमाडौंबाट करिब ३ सय कोस उत्तर-पश्चिममा पर्ला)

यो गत भूकम्प विषयमा केही मुख्य वैज्ञानिक विकास पनि यहाँ लेख्दछु-

१) भूकम्पको लहरी- गत भूकम्प जमिनको बनावट सम्बन्धबाट भएको हो भन्ने कुरा माथिबाट थाहा भयो। भूकम्पको लहरी जम्मा तीन किसिमका हुन्छन्- क) साधारण ख) यमज ग) जटिल। यसपालिको भूकम्पमा जटिल किसिमको लहरी चलेको अनुमान छ र यसलाई नै सबैभन्दा नोक्सान गर्ने र कडा भनी मानिएको छ।

२) भूकम्प केन्द्र (एपिसेन्टर)- यसको घेरा उत्तर बिहारमा पत्ता लागेको छ। तर, यस्तो केन्द्र अरू ठाउँमा पनि हुन सक्छ। केही जाँच नगरिएकाले ठिकसँग भन्न सकिन्न तापनि नेपालमा यस्ता केन्द्र नपरेका होलान् भन्न पनि सकिन्न भनी कुनै भूगर्भ विद्या जान्नेहरूले भनेका छन्। खास गरी उदयपुरगढी र भादगाउँतिर सीतामारी मधुवनीमा झैं

खुब वेगदार भुइँचालो गएछ भन डा. अडेनले भनेका छन्। भूकम्प केन्द्रको जमिनभित्रको गहिराइ सधैं एकै नास रहन्न तापनि प्राय: २४ देखि ४० माइलसम्म हुनुपर्छ भनी भन्दछन्।

३) भुइँचालो कति बेरसम्म गयो? यसको उत्तर ठाउँपिच्छे फरक हुन्छ। उत्तर बिहारमा २ मिनेटदेखि ८ मिनेटसम्मको अञ्जाम गरेका छन्। कलकत्ताको भूकम्पयन्त्रले ४ घन्टासम्म पृथ्वी काँपिरहेको पत्ता लगाएको छ, तर यस्ता नम्र कम्पहरू मानिसले थाहा पाउन सक्दैनन्, खालि भूकम्पयन्त्रले मात्र सक्दछ।

४) भूकम्प थाहा भएका इलाकाको नाप- यसको ठिक अञ्जाम गर्न कठिन छ तापनि भूकम्प केन्द्रबाट पूर्व दिशातर्फ १ हजार माइल परसम्म भुइँचालोको वेग पुगेकाले चारै दिशामा एकै किसिमको जोडले गयो भनी सम्झेको पक्षमा भूकम्प थाहा भएको जग्गाको नाप ३१ लाख ५० हजार वर्गमाइल हुन आउँछ। तर, उत्तर भोटतर्फ र पूर्वउत्तर दिशातिर धेरै टाढासम्म भुइँचालो नगएकाले वास्तवमा माथि लेखिएको भन्दा केही कम्ती नै हुनुपर्छ भनी भूगर्भविद डा. फर्मरले भनेका छन्। परन्तु यति इलाकाभरि भूकम्पले ध्वस्त पारेको भनी सम्झनु हुँदैन। भूकम्पले ध्वस्त पारेको जग्गाको घेरा जुन नेपाल र उत्तर बिहारमा पर्दछ त्यसको नाप करिब १ लाख वर्गमाइल जति होला।

५) पूर्वकम्प- कहिलेकाहीं ससाना पूर्वकम्पहरूले पछि आउने ठूला परकम्पहरूको जनाउ दिएको देखिन्छ तापनि त्यसमा केही नियम छैन। माघ १ गते अर्थात् महाभूकम्प जाने एक दिनअघि कलकत्ताको भूकम्प जाँच्ने कलद्वारा यस्ता ३ वटा पूर्वकम्प टिपेथे- पहिलो ५५० माइल, दोस्रो ४०० माइल र तेस्रो ३०० माइल टाढासम्मको। त्यहाँको भूकम्पयन्त्रले टिपेको माघ २ गतेको महाकम्पको नक्सा चित्रमा दिइएको छ। यो नक्सा कलकत्ताको एक विद्वान डाक्टर सेनले पठाइदिएका हुन्।

६) परकम्प- केही ठूला भूकम्पपछि परकम्प गइरहनु प्रकृतिको नियम नै हो। भूकम्पयन्त्रको मद्दतबिना यिनको गिन्ती राख्न सकिँदैन। माघ २ गतेदेखि ७ गतेसम्म करिब २८ परकम्प गएको कलकत्ताको कलबाट टिपिएकाले, यहाँ पनि त्यति दिनभित्रमा त्यति नै कम्प गए होलान् भनी सम्झेमा ठूलो भूल हुन सक्दैन। तर, अझसम्म पनि यस्ता परकम्प जाँदै गरेकाले तिनीहरू गिन्ती धेरै नै पुगिसक्यो होला। जापानमा सन् १९२३ महाभूकम्पपछि टोकियो (जापानको राजधानी) मा पहिलो महिनाभित्रमा पनि करिब १२५० कम्प गएको हिसाब गरिएको छ। सन् १८९७ मा आसामको महाभूकम्पपछि ५ महिनाभित्र करिब ८५० परकम्प गएथे। यो गत भूकम्प विषयमा पनि कलकत्ताको भूकम्पयन्त्रले आश्विन महिना (१९९१ साल) सम्ममा करिब ६५ परकम्प गएको अनुमान गरेको छ। नेपालको निम्ति पनि यही अङ्क मिल्न सक्दछ।

बाह्रौं भाग

नेपालमा पहिले-पहिले गएका भूकम्पहरूको बयान

नेपालमा पहिले पहिले पनि ठूल्ठूला भूकम्प गएको देखिन्छ। परन्तु यो गएको भूकम्प जति कडा अरू कुनै थिएन तापनि पहिलेका भूकम्पहरूको बयान थाहा पाउन धेरैमा रुचि देखिएकाले यो परिच्छेद जोडेको हुँ। यो भूकम्प जानुभन्दा अगाडि १९९० सालको लगायत अरू पहिले गएका भुइँचालोहरूको बारेमा थोरैलाई मात्र थाहा थियो। तसर्थ यस समयमा गत भूकम्पका बारेमा एक छोटो बयान लेख्न बेमनासिव परोइन। हाम्रो देशमा वंशावली, इतिहासको कमी भएकाले धेरै अघिसम्मको बयान दिन सकिँदैन।

नेपालमा करिब पौने सात सय वर्ष अगाडि वि.सं. १३१० (नेपाल संवत ३७४) मा गएको भूकम्पको लेख सबभन्दा पहिलो छ। सो भूकम्प आषाढ शुक्ल तृतीया, पुनर्वसु नक्षत्र, ध्रुव योग, सोमबारका दिन गएथ्यो। देवालय र घर भत्की धेरै मानिस मरे। विराजमान भएका राजा अभय मल्ल पनि त्यसै भूकम्पले मरे। जमिन १५ दिनसम्म बराबर हल्लिरह्यो।

वि.सं. १३१६ (ने.सं. ३८०) मा ठूलो भूकम्प गई महामारी परी दुर्भिक्ष भयो र प्रजाको पनि विध्वंश धेरै भयो। यो राजा जयदेवको पालामा भएथ्यो।

वि.सं. १४६४ (ने.सं. ५२८) मा अधिक भाद्र शुक्ल १२ उत्तराषाढा नक्षत्र सोमबारका दिन ठूलो भुइँचालो गयो। मत्स्येन्द्रनाथको देवल र

अरू घर, देवालय धेरै भत्के। जग्गा पनि धेरै फाटी नाश भयो। जीवजन्तु पनि धेरै नै मरे। सो बखत राजा श्यामसिंह विराजमान थिए।

वि.सं. १७३७ (ने.सं. ८०१) मा पौष कृष्ण अष्टमीका दिन दिग्दाह भयो। फेरि लामो धुम्रकेतु (लामपुच्छ्रे तारा) को उदय भयो, अकस्मात् अकाशबाट एक किसिमको शब्द आयो। मानिसहरू डरले व्याकुल भए। करिब ५ महिनापछि अर्थात् १७३८ साल ज्येष्ठ शुक्ल सप्तमीका दिन रातको समयमा ठूलो भुइँचालो गयो। धेरै घर भत्किए। सो बेला राजा निवास मल्ल शासक थिए।

संवत १८६६ (ने.सं. ९३०) मा दसहराको दिन तृतीय प्रहरको मध्यमा २१ पटक भूकम्प गइरह्यो। घर भत्की केही मानिस र जीवजन्तुको नाश भयो। पशुपतिनाथको देवल केही भएन। श्री ५ महाराजाधिराज गीर्वाणयुद्ध विक्रम शाह राजगद्दीमा थिए। पञ्जाबपट्टि (आजकालको सिमला जिल्ला) मा विद्रोह फैलिएकाले सो दबाउन र शासन बलियो पार्न गोर्खाली फौज लागिरहेको थियो। त्यस भूकम्पले त्यो युद्धको काममा केही बाधा पनि पर्न नगएको देखिन्छ।

वि.सं. १८८० मा सात ग्रह एकै राशिमा बसेको हुनाले कुनै कडा अनिष्टको शङ्का गरिएको थियो। तर, यी ग्रहहरू छुट्टिइसकेपछि यमपञ्चमीका दिन लगभग १७ फेर भूकम्प गयो, परन्तु धनजनको नोक्सान कम भयो। त्यसको केही महिनापछि महामारी परी मानिस र जीवजन्तु मरे। माघ महिनामा ठूलो वृष्टि भई मूलसमेत फुट्यो।

वि.सं. १८९० भदौ १२ गते सोमबारका दिन साँझ ६ बजे बडो जोडले ४० सेकेन्डसम्म भूकम्प गयो। फेरि सोही रातको ११ बजे त्यतिकै जोडले अर्को कम्प गयो। त्यही राजभरमा अरू ससाना २३ कम्प गए। केही दिनसम्म पनि दिनहुँजसो परकम्प जाने गरे। अनेक घर, महल र मन्दिरहरू बिग्रिए। यसको ३५ वर्षअघि मात्रै श्री ५ महाराजाधिराज रणबहादुर शाहले १ सय फिट अग्लो खुब लम्बा

चौडा-चौडा जगन्नाथको देवालय टुँडिखेलछेउमा बनाएका थिए। त्यही भत्की पाताल भयो। जनरल भीमसेन थापाले आफ्ना बागको महलको दायाँ-बायाँ दुइटा बडा-बडा धरहरा बनाएका थिए। तिनमा एउटा पाताल भयो भने अर्कोको टुप्पो भाँचिएर खस्यो। निज जनरलको बागको महल र जनरल रणवीरसिंह थापा, जनरल माथवरसिंह थापाको काठमाडौं लगनटोलको महल पनि भत्कन गयो। नेपालका लागि भूकम्पको वेग उत्तरपट्टि कुति, पूर्व विजयपुर, दक्षिण मकवानपुर र पश्चिम गोरखासम्म पुग्यो। राजधानीभित्र सबभन्दा बढ्ता ठिमी र भादगाउँमा भूकम्पले नोक्सान पाऱ्यो। सो हुँदा श्री पशुपतिनाथ, गुह्येश्वरी, पूर्णचण्डी, मीननाथ, ललितपुर चण्डेश्वरी आदि ठूल्ठूला देवताका देवलहरूमा केही भएन।

यस्तो विघ्न हुँदा सो बखतका विराजमान राजा श्री ५ राजेन्द्रविक्रम शाह मन्त्रीहरू साथ लिई भादगाउँमा सवारी भएर प्रजालाई दयापूर्वक चाहिँदो अन्न वस्त्रादि बक्सी फिर्नुभयो। राज्यभरमा १८ हजार घर बिग्रेको अनुमान भयो। त्यसमध्ये राजधानीका तीन सहरमा मात्रै बिग्रेका ४,२१४ घर थिए। पाटनको बालकुमारीको देवल भत्की थिचिँदा २१ दिनपछि कुमारीको मूर्ति झिकियो। दसैंमा मुकुट र कलश स्थापना गरी काम चलाई पछि मात्रै अर्कै मूर्ति फेरियो। भूकम्पले चिरा-चिरा पारेका घरमा बस्न नभएकाले सबै बारीमा बसे, भारदार र उनका जहानहरू आफ्ना बगैंचामा पाल टाँगी बसे। फेरि त्यसै सालको आश्विन शुक्ल १५ का दिन ठूलो वृष्टि भएकाले खोलानाला बढी खेतमा रहेका असङ्ख्य धान बगाई लगे।

चापागाउँको टीकाभैरवको मूर्तिसमेत बग्यो। त्यस बखतको कम्पको बयान एक अङ्ग्रेजी छापामा फेला पऱ्यो। फेरि १८९१ साल आषाढ सुदि ५ मा र भाद्र सुदि एकादशीको १३ घडी बाँकीमा फेरि आश्विन १२ रोज २ का दिन ठूलै भुइँचालो गयो। त्यस भूकम्पले धनहानि ज्यादै गएको थियो तापनि नेपालीमा साहस पूरा रहेको हुनाले दरबार,

महल, घरहरू बराबर मर्मत हुँदै रहे। त्यस भूकम्पपछि राजकाजमा धेरै खलबल भइरह्यो तापनि सर्वसाधारणको व्यवहार सरासर चलेकै थियो। न कोही हतास भयो न कसैले दु:ख प्रकट गऱ्यो। पाँच-सात वर्षमा भत्के बिग्रेका घर नयाँ बनी वा मर्मत भई पूरा भए। वि.सं. १८९६ मा श्री ५ महाराज राजेन्द्रविक्रम शाहले पशुपतिका मन्दिरमा नयाँ सुनको छानो पनि लगाए। घर बनाउने सारा सामान आफ्नै देशमा तयार हुने हुनाले भूकम्पले गराएको नोक्सानी पूरा गर्न धेरै समय लागेन।

अघि-अघिका भूकम्पहरूको असर कहाँ कहाँसम्म पुगेको थियो सो थाहा पाउन सकिँदैन। परन्तु वि.सं. १८९० र यो १९९० को भूकम्पको असर एउटै हिसाबसँग फैलिएको छ। १८९० सालको भूकम्पले त्रिशूली गण्डकीदेखि पूर्वपट्टिको नेपाललाई मुग्लानमा बिहारका उत्तर भागलाई बर्बाद गराएको थियो। यो सालको भूकम्पले पनि तिनै प्रदेशलाई बर्बाद गराएको छ। १८९० सालको भूकम्पको जोड भादगाउँमा ज्यादा परेको थियो, यो सालको भूकम्पको जोड पनि त्यहीँ ज्यादा परेको छ।

तसर्थ, पछिपछिलाई पनि यसपालि नोक्सान परेकै ठाउँहरूमा भुइँचालोको बढ्ता डर देखिन्छ। परन्तु नोक्सान र जोडको हकलाई १८९० को भन्दा १९९० को भूकम्प बढ्ता कडा हो भनी धेरै विद्वानले निश्चय गरेका छन्। बिहारका एक मुख्य सरकारी अफिसर (श्रीयुत नारायण सिंह) ले पनि "१८९० सालको भूकम्पको केही बयान हामीसँग छ, तसर्थ सो कम्प यसपालिको जत्तिकै छैन भनी जरुर भन्न सकिन्छ" भनी छापामा लेखेका छन्। घर नोक्सान भएको फेहरिस्तबाट पनि बुझ्न सकिन्छ। त्यसबखत १८ हजार घर बिग्रेका रहेछन्, तर यसपालि कमसेकम २ लाख ७ हजार बिग्रेको रिपोर्ट छ।

फेरि, कति वर्षपछि नेपालमा अर्को भूकम्प जाने हो भनी धेरैले प्रश्न गर्दछन्। तर, यसको जवाफ दिन सक्ने कोही देखिँदैन। १८९० मा

ठूलो भुइँचालो गएर फेरि सय वर्षपछि मात्र अर्को महाभूकम्प गएकाले फेरि अर्को सय वर्ष निबत्दै यस्तै ठूलो भुइँचालो जाओइन भनी एक चित्त बुझाउने बाटोसम्म छ। तर, यस्तै सय-सय वर्षमा मात्रै हुने भन्ने पनि कुनै नियम छैन।

यो परिच्छेद खत्तम गर्नुभन्दा अगाडि करिब ८० वर्ष उप्रान्तदेखि पृथ्वीमा गएका प्रख्यात भुइँचालोमध्ये कुनै कुनैको नाम यहाँ लेखिन्छ-

जापान	इस्वी १८५५
नेपल्स (इटाली)	१८५७
जापान	१८९५
चार्ल्सटन (दक्षिण अमेरिका)	१८९७
क्यालिफोर्निया (अमेरिका)	१९०६
मेसिना (युरोप)	१९०८
मरसिका (इटाली)	१९१४
न्युजिल्यान्ड	१९२१
जापान	१९२२
जापान	१९२३

हिन्दुस्थानमा पनि ३७ वर्षभित्र तल लेखिएका ठाउँमा महाभूकम्प गए-

आसाम	इस्वी १८९७
काङ्ग्रा (पञ्जाब)	१९०५
बलुचिस्तान	१९०९
बङ्गाल	१९१८
पेगु (बर्मा)	१९३०
उत्तर बिहार र नेपाल	१९३४

यी माथिका कुराबाट पृथ्वीमा ज्यादा गरी भूकम्प जाने ठाउँका विषयमा केही विचार गर्न सकिन्छ।

तेह्रौं भाग

आइन्दालाई सूचना

भविष्यको केही यस्तो अद्‌भूत समयमा तुरुन्तै के के बन्दोबस्त र काम गर्नको दरकार पर्ने रहेछ भन्ने कुरा आफ्नो अनुभवबाट देखेकाले पछिलाई केही फाइदा हुन जाला कि भन्ने हेतुले यहाँ लेख्दछु। १९९० सालको भूकम्पमा परेको काम र बन्दोबस्तको कुनै पुस्तक नभएकाले यसपालि हामीलाई बाटो देखाउने केही भएन। त्यही विचारले पनि यो परिच्छेद लेख्न कर्तव्य सम्झन्छु। यस्तो भविष्यको कुरा लेख्दा खालि सूचनासम्म मात्र दिन सकिन्छ। कारण, यस्तो समय सधैं एक स्वरूप लिई आउँदैन। एक बखत तार र बिजुली अट्गो भन्नाले अर्को बखत पनि त्यस्तै हुन्छ भनी सम्झनु मुर्ख्याइँ हो। वा, एकपटक आगलागी भएन भन्नाले पछि पनि यस्तो हुन्न भन्न सकिन्न। तसर्थ यस्तो आपतको अञ्जाम गर्दा हल्का भन्दा बरु कडैपट्टि ढल्कनु बढिया छ।

लडाइँमा जाँदा सब तयारी भएर जान्छन्, दुश्मनले हामीमाथि हमला गर्ला, हाम्रो सहरमा गोला खसाल्ला भन्ने सबै कुरामा अघिदेखि नै होसियार रहन पाउँछन्। तर, भूकम्पबाट यस्तो जनाउ केही आउँदैन। अकस्मात् बज्रपातझैं हामीमाथि खस्न आउँछ। केही जनाउ नपाई अकस्मात् हाम्रो बासको नाश, आफ्ना नातेदार जातिभाइ हजारौंको अकाल मृत्यु, हजारौं घायल, धाराबाट पानी आउन बन्द, बिजुली, तार, टेलिफोन सब बन्द, धन पैसाको जताततै नोक्सान, अरू बाहिर देशसँग बिल्कुल अन्धकार, दुनियाँको अतास, जताततै गोलमाल, अन्न पानीको अनिकाल यी सब

क्षणभरमै आइहाल्छन् भनी हामीले सम्झनुपर्छ। तर, यस्तो अवस्थाले आफूलाई ग्रस्त पार्न दिनु हुँदैन। उल्टो, काम गर्ने जोश, दु:खीको सेवा गर्ने चाहा र देशको फाइदापट्टि दिल र जाँगर बढाउनुको सबै कर्तव्य हो। यस्तो समयमा तत्कालमै गर्नुपर्ने मुख्य बन्दोबस्त ११ दफामा बाँडी तपसिलमा लेखिएको छ-

तपसिल

१) भूकम्पवाद आगलागी उठ्ने बहुत सम्भवको कुरा छ, खास गरी सहर या बाक्लो बस्ती भएको ठाउँमा। तसर्थ आगलागी हुन नपाओस् भन्नका लागि आगो निभाउने वा यस्तै अरू बन्दोबस्त दुरुन्तै गरिहाल्नुपर्छ। १९८० सालको ठूलो भूकम्पमा जापानमा भूकम्पले भन्दा आगलागीले धन र जन दुवैको बढ्ता नोक्सान हुन गयो। एक फेर फैलिसकेपछि त्यसलाई सम्हाल्नै मुस्किल हुन्छ। कारण, यस्तो समयमा पानी र मानिस दुवैको कम मद्दत पाइने हुन्छ।

२) घरले पुरिएकाहरूलाई झिक्ने उपाय औ बन्दोबस्त मिलाउने एक खास जरुरत काम हो। यो काम केही ढिलो गर्नु हुन्न। यसमा मुख्य काम गर्ने पल्टन र सरकारी कामदार हुन्छन् तापनि सबै ठाउँमा तिनीहरूले मात्र भ्याउन सक्दैनन्। तसर्थ टोलटोलैपिछे लाठे युवकहरू (जसका घरमा विशेष सन्धिसर्पन परेको छैन) लाई जम्मा पारी पल्टनको साथमा काम गर्न लगाउनुपर्छ। यस्तो गरेको पक्षमा धेरै ज्यान बचाउन सकिन्छ। सबै ठाउँमा पल्टन हुन नसक्ने भएकाले हरेक गाउँ, बस्तीमा यस्तै किसिमको स्थिति बाँध्नू भनी मुखिया माहानेहरूको नाममा उर्दी पठाए वा कोही सरकारी अफिसर खटाई पठाए धेरै ज्यान बच्न जाने देखिन्छ। फेरि, सोही युवक-दलहरूले कडा घाइतेलाई अस्पताल ल्याइदिनू भन्ने उर्दी पनि भए धेरै घाइतेको कष्ट र ज्यान बच्न जाने देखियो।

३) घाइतेलाई औषधि दिने काममा पनि चाँडै नै दृष्टि दिनुपर्छ।

कारण, निको हुने अवस्था नाघिसकेपछि औषधि पठाउनाले के फाइदा ? औषधि गर्ने मानिसहरू जति जम्मा गर्न सकिन्छ उतिलाई तुरुन्त ठाउँ-ठाउँका गाउँमा प्रथम चिकित्साका लागि पठाउनुपर्छ । यो काम मोफसलका अस्पतालहरूबाट पनि हुनुपर्छ । तिनीहरूको सामार्थ्यले भेट्टाउन सक्ने घाइते वा अरू छुटेका ठाउँका कडा घाइतेलाई अघिल्लो दफामा लेखिएको प्रबन्धबाट अस्पतालमा ल्याउन सकिहालिन्छ । दरकार हेरी ठाउँ-ठाउँमा शाखा अस्पताल पनि खोल्न जरुरत हुन्छ । तर, यस्तो अवस्थामा अस्पतालमा घाइतेको ज्यादै भीड हुन जान्छ, अस्पतालका काम खुला जग्गामा गर्नुपर्ने हुन आउँछ । त्यसमा थप ठाउँ-ठाउँमा औषधि गराउन मानिस पठाउनु पनि पर्छ । साबिकका कामदारले भ्याउन नसक्ने हुन्छन् । तसर्थ यो काममा भूकम्प सेवकको मद्दत लिनु विशेष आवश्यक पर्छ । त्यसमा थप म्यादी वैद्य, कम्पाउन्डरहरू पनि भर्ना गर्नुपर्छ । औषधि गर्ने मानिसको सङ्ख्या जति धेरै गराउन सकियो उति असल । पहाड १-२ नम्बरसम्म पनि सदरैबाट तुरुन्तै औषधि गर्ने मानिस पठाउनुपर्छ, खास गरी औषधालयबाट टाढा परेका जग्गामा । ठाउँ-ठाउँमा स्ट्रेचर, लरी पठाए बढ्ता घाइतेलाई अस्पतालमा ल्याउन सकिन्छ ।

राज्यभरका हरेक अस्पतालको नाउँमा 'जरुरत खर्च' को निम्ति केही थप रुपैयाँको निकासा पठाउन जरुरत देखियो । घाइतेको निम्ति टहरा बनाउनुपर्ने, ठाउँ-ठाउँमा औषधि गर्न मानिस पठाउनुपर्ने, अस्पतालमा टुटेफुटेका मालसर्जामको हिफाजत गर्नुपर्ने, यस्ता धेरै थप काम पर्न जान्छन् । तसर्थ यस्ता रुपैयाँको निकासाबाट धेरै सहायता हुने देखियो । यो निकासा तुरुन्तै पठाइहाल्नुपर्छ । त्यहाँको खबर आएपछि मात्र पठाए ज्यादै ढिलो हुन जान्छ ।

४) एक ठूलो प्रश्न बासको हुन जान्छ । केही दिनका लागि सद्दे घर भएकाहरू पनि भूकम्पको अतासले बाहिर खुलामा बस्न जाने हुन्छन् । टहरो, छाप्रो बनाइदिने, पाल टाँगिदिने, सद्दे सरकारी घरमा

मानिसलाई बस्न दिने, खुला मैदानमा बस्न इजाजत दिने, जङ्गलबाट काठपात काट्न दिने इत्यादि काम कारबाही यस प्रश्नको उत्तर हुन जाने देखियो। खास गरी बिरामी, बालक र सुत्केरीलाई विशेष ध्यान दिन जरुरत देखियो।

५) अन्न र पानीपट्टि विशेष ध्यान दिनुपर्ने अवस्था पर्न आउने देखियो। कारण, घर भत्की धेरैको अन्न माटो लाग्ने हुन्छ। फेरि त्यसमा थप साहु-महाजनले यस्तो अवस्थाको फाइदा उठाई नाफा लिने धेरै सम्भव पनि हुन जाने भएकाले अन्नको विशेष कष्ट उठ्न जाने हुन्छ। तसर्थ अन्नहरूमा ज्यादा नाफा उठाउन नसकून् भन्नका लागि यो विषयमा एक इस्तिहार तुरुन्तै जारी गर्न जरुरत उठ्दछ। यस्तो इस्तिहार जारी नभए गरिबलाई साह्रै कष्ट पर्न जाने देखियो। यसरी इस्तिहार जारी गरेको साथै बाहिरबाट प्रशस्त अन्न झिकाई चाँडै उतार्ने बन्दोबस्त पनि मिलाउनुपर्छ। तर, माथि लेखिएको इस्तिहारबाट मात्र यो प्रश्नको कष्ट हट्न सक्दैन। मुख्य उपाय तत्काले एक 'मूल गोदाम' खोल्नुपर्ने देखियो। साबिककै मोलमा किनी सोही मोलमा दुनियाँलाई बेच्ने, गरिब भोकालाई सित्तै बाँड्ने प्रबन्ध त्यसै गोदामबाट हुनुपर्छ, अथवा सोही ठाउँमा साहुलाई पसल खोल्न लगाई साबिककै मोलमा अन्न बेच्न लगाए पनि हुन्छ।

दरकार हेरी सरकारी गोदामबाट पनि अन्न चलन गर्नुपर्दछ। तर, अन्न बेच्दा दरकार माफिक मात्र बेच्ने गरे कुनै दुष्टले अरू ठाउँमा नाफा लिई बेच्न पाउने कम सम्भव हुन जान्छ। यस्तो मूल गोदामबाट अन्नको दरकार परेका जिल्ला, गाउँपट्टि पनि दरकारअनुसार अन्न पठाउन सजिलोसँग सकिन्छ। पठाउनु पनि पर्ने नै देखियो। यस्तो गोदामबाट सर्वप्रथम गरिब, दु:खीको वास्ता राख्ने नियम हुनुपर्छ। त्यसको अरू फाइदा फाटफुटे पसलेहरूले ज्यादा नाफा लिन नपाउने हुन्छन् औ देशको दरकारअनुसार अन्नको मौज्दात पनि कायम राख्न सकिन्छ।

राम्रोसँग चलेको खण्डमा कोही ठाउँमा प्रशस्त अन्न हुने, कोही ठाउँमा गेडो पनि नहुने यस्तो स्थिति अन्त हुन जान्छ। अनिकाल निवारण पनि यसबाट हुन सक्छ। त्यस मूल गोदामका हाँगा जिल्ला-जिल्लामा खोली अन्न कम्ती भएका टाढा-टाढाका ठाउँ, इलाकापट्टि पनि अन्न पठाउने प्रबन्ध भए धेरैको उद्धार हुन सक्छ।

कुलो, कुवा धेरैजसो पुरिने औ कलधाराका पाइप पनि टुट्ने भएकाले पानीको दुःख पर्न जाने हुन्छ। यस्तो भए पानीको विशेष दरकार भएका ठाउँमा 'ट्युबवेल' हरू तुरुन्त खन्न लगाउनुपर्छ। साथै पुरिएका कुवा मर्मत गर्ने उपायपट्टि पनि लाग्नुपर्छ। कोहीको घरभित्रका धारा वा कुवा सद्दे रहेछन् भने दरकार हेरी सो ठाउँमा पानी लिन अरू दुनियाँलाई पनि इजाजत दिन लगाउनुपने अवस्था उठ्न सक्छ। कुनै कलधारा त अड्ने सम्भव हुन्छ, तर यस्तो भए ती धारामा ज्यादा भीड हुने भएकाले निर्धाले पनि पानी लिन पाऊन् भन्नका लागि पालो राख्न जरुरत उठ्ने देखियो। रिजर्भ्वायरको पानीको अवस्था हेरी कलधारामा दिनको २/३ पटक मात्र पानी छाड्ने प्रबन्ध गर्नुपर्ने पनि हुन आउँछ। एकै पटकमा धेरै खर्च गर्दा पछि पानी सुक्न जाने डर हुन्छ, यस्तो सम्भवको केही क्लेस पनि रहन दिनु हुन्न।

जतातत्तै भोकाभोकीको गिन्ती बढ्न जाने भएकाले दुनियाँमा पनि परस्परको दानदातव्य बढोस् भन्ने उद्देश्य राखे धेरैको उपकार हुन जाने देखियो दुनियाँको सभ्यता देखाउन यस्तैले हो, यस्तो कर्ममा जति रुचि बढ्न जान्छ उति धेरै गरिबको उद्धार हुन सक्छ। सरकारको दृष्टिबाट या कुनै कारणबाट छुटेका भोकाहरूको उद्धार पनि हुन सक्छ। यस्तो समयमा दुःखी भाइहरूलाई मद्दत दिनु हाम्रो कर्तव्य हो भनी सबैले ठान्नुपर्छ।

६) फेरि एक कुरा पनि दृष्टिगोचर छ- सो बाहिरपट्टि खबर पठाउने

र बाहिरपट्टिको खबर पाउने काम हो। टेलिफोन, तारका लाइन टुट्ने सम्भव भएकाले खबरको आवतजावतमा विशेष बाधा पर्न जान्छ। यसपालि यहाँको खबर हिन्दुस्थानमा करिब ८ दिनपछि मात्र पुग्यो। हाम्रो देशका टाढा-टाढा ठाउँका खबर त सोभन्दा पनि पछि मात्र पायौं। जापानले १९८० सालको भूकम्पको खबर दिने र लिने काम (तार टेलिफोनको लाइन तयार नभएसम्म) हवाईजहाज औ हुलाकी परेवाबाट लिएथ्यो।

अर्को एक फाइदाको यन्त्र बेतार कल देखियो, परन्तु यसका लागि बिजुली चाहिन्छ, जुन यस्तो समयमा अक्सर गरी टुट्ने हुन्छ। यस्तो भए तापनि बेतार कल टेलिफोनभन्दा चाँडै मर्मत हुन सक्ने यन्त्र हो। मुख्य चल्तीका बाटा पनि चाँडै मर्मत गर्न लगाए अरू ठाउँको मद्दत लिन सकिन्छ औ केही अरू ठाउँमा मद्दत पठाउन पनि सकिन्छ। तर, सर्वप्रथम खबरको आवतजावतपट्टि ध्यान दिनुपर्छ। त्यसो भए दरकारअनुसार तुरुन्त सहायता मगाउन सकिन्छ र आफूबाट मद्दत पठाउनुपर्ने ठाउँहरूको पनि चाँडै ठिक पत्ता लगाउन सकिन्छ।

७) लोकरक्षा- यस्तो मौकामा लुटपिट हुने, कैदी भाग्ने बहुतै सम्भवको कुरो मानिएको छ। तसर्थ ज्यालखाना आदि मुख्य-मुख्य सरकारी घर औ अरू चोरी हुने सम्भव भएको ठाउँमा तुरुन्तै कडा पालोपहरा राख्नुपर्छ। त्यसपछि अतासमा छाडिएका मुख्य टोल, घर, बस्ती, डचौडीहरूमा र नयाँ खडा भएका बस्तीमा पुलिस र सिपाहीको कडा चेवा र होसियारी रमन उपस्थित गराए चोरीको धेरै बचावट हुन जाने देखियो। यो काममा केही विलम्ब गर्नु हुँदैन, दरकारअनुसार गोली, बन्दुक लिएका सिपाहीलाई पनि ठाउँ-ठाउँमा राख्नुपर्छ। अवस्था हेरी दरकार पऱ्यो भने ढिलो नगरी जङ्गी कानुन जारी गर्नुपर्ने हुन आउँछ। असाधारण अवस्थाको औषधि असाधारण कर्मबाट हुन आउँछ भन्ने अनुभवैबाट देखियो।

८) फेरि, अनेक किसिमका हल्ला उठ्ने पनि स्वाभाविकै देखियो। यसपालि यहाँ र १९८० सालमा जापानमा अनेक प्रकारका फटाही-हल्ला उठेको देखियो, सुनियो। यस्ता हल्लाबाट आत्तिएका जनताको मनमा धेरै अतास पनि पर्न जाने हुन्छ। तसर्थ यस्तो हल्ला फैलन नपाउने उपाय गर्नुपर्छ। केही दिनका लागि फटाहा र फुटा मचाउनेहरूलाई सजाय दिने र साथै सत्य समाचार कुनै मुख्य ठाउँमा टाँसिदिने गरे परिणाम असल हुने देखियो।

९) रोग निवारण- बास, गाँस ठेगान नभएको बखतमा रोग उठ्ने धेरै सम्भव देखियो। मानिसहरू जहाँ पायो उहीँ बस्ने, खानेकुराको पनि होसियार रहेर निर्वाह नहुने औ पानीको पनि दुःख पर्ने भएकाले सफाइको केही ख्याल रहन्न। कलधाराबाट पानी बन्द हुँदा हरेक कामका लागि कुवा वा पोखरीको चलन हुन्छ। तसर्थ सबै कुवामा डिस्इन्फेक्ट (औषधि हाली रोगका कीरा मार्ने प्रबन्ध) गर्नु, नुहाउने कुवा र खानेपानी लिने कुवा छुट्टयाउनु, फोहरमैला गर्नका लागि भिन्नै जग्गा छुट्टयाउनु- यी सब काम रोग निवारणका लागि आवश्यक कुरा हुन्। यसमा थप पसल सफा राख्न लगाउने, मुर्दाहरू झिकी जलाउन लगाउने इत्यादि, सहर बस्ती सफाइको काम राम्रोसँग प्रचार गराउन जरुरी छ।

बस्ती, गाउँको सफाइ जाँच गर्ने, कुनै सरुवा रोग उठेमा तुरुन्त रोगीलाई बस्तीबाट पन्छाउने, १/२ घरमा रोग लाग्नासाथ कमसेकम सो घरको वरिपरिका बासिन्दालाई सोही रोगको औषधि खोपाउने इत्यादि प्रबन्ध रोग निवारणका लागि अमूल्य मानिएका छन्। हैजा, बिफर, टाइफाइड (लामो ज्वरो) जस्ता रोग फैलन धेरै सम्भव भएकाले यी रोगका भ्याक्सिनहरूको मौज्दात प्रशस्त राख्नुपर्छ।

लाशहरू झिकिदिने र सद्गत गरिदिने एक विभाग पनि खोल्न जरुरत देखियो। गाईवस्तुको त कुरै छाड्नु, मानिसका लाशसमेत खोलामा यसै

फ्याँकिएका देखिए। यस्ता लाशको पूरा सद्गत नगर्नाले खोलाको पानी बिग्रन गई रोग उठ्ने डर हुन जान्छ। तसर्थ यस्तो एक विभागबाट लाशहरूको सद्गत मात्र होइन कि रोगको बचावट पनि हुन जान्छ। धेरै दिनसम्म पुरिएका मुर्दाहरू कुहिन गई रोगको बिउ छर्ने हुन्छन्। अरू समयमा भन्दा पनि यस्तो भूकम्पको समयमा कुनै रोग फैलन गए धेरै महामारी पर्न जान्छ। तसर्थ यो कुरापट्टि विचार दिनु बहुतै आवश्यक छ।

१०) भूकम्पसेवकको दरकार- भूकम्पजस्तो अघोर समयमा हरेक कामतिर थप भीड र झ्रोंज पर्न जान्छ। साबिकका सरकारिया जागिरदारहरूले मात्र सबै ठाउँ तथा हरेक गाउँ ढाक्न मुस्किल पर्छ। तसर्थ यस्तो समयमा थप कामका लागि स्वयम्सेवकहरूको भाउ औ जरुरत देखियो। यिनीहरूबाट दुःखीहरूको ठूलो सहायता हुन सक्छ। कारण, करले काम गर्नेहरूबाट भन्दा आफूखुसी काम गर्नेहरूबाट धेरै बढ्ता काम हुन सक्छ। यो बाहेक पनि आफ्नो दुःख-सुखको परवाह नराखी अर्काको सेवामा लाग्ने स्वयम्सेवकको काम देख्दा अरू आत्तिएका जनताको मनमा शान्ति मिल्न जानु वा आफ्नो दुःखको वेग बिर्सनु स्वाभाविकै हो। यस्तो असरको भाउ असलै हुन आउँछ। यस्ता आफूखुसी सेवा र दुःखीलाई मद्दत दिने कामपट्टि रुचि जति धेरैमा बढ्न गयो उति गरिबहरूको उद्धार हुन जान्छ खालि सरकारले मात्र गर्नु असम्भवको कुरा हुन्छ।

११) रिपोर्ट अड्डा- कति मानिस मरे, कति बेपत्ता छन्, कति बेवारिस लाशका नाता फेला परे, कति जना टुहुरा भए, कति जना भोकभोकै छन्, कतिको बास छैन, कति निराधार भए भन्ने कुराको लगत र रिपोर्ट गाउँ-गाउँबाट जम्मा गर्ने एक विभाग (अड्डा) तुरुन्तै खडा गरेको पक्षमा गरिबहरूलाई मद्दत दिने काममा विशेष सजिलो हुन जान्छ। घर, धनको नोक्सान जस्तो अरू कुराको लगत राख्ने विभाग

केही दिनवाद खडा गरे पनि केही हर्जा छैन, परन्तु माथि लेखिएका कुराको रिपोर्ट तयार गर्ने विभाग तुरुन्तै खडा गर्न आवश्यक देखियो। तर, यो विभागको सफलता गाउँको शासन प्रबन्धमा निर्भर छ। गाउँको प्रबन्ध जति राम्रो छ, उति राम्रो औ ठिक रिपोर्ट जम्मा पार्न सकिने देखियो। तसर्थ ग्राम्य प्रबन्ध असल हुन जरुरत यस्तै अवस्थामा विशेष देखियो।

माथि लेखिएका कुरा सबै तत्कालै गर्नुपर्ने काम हुन्। यी बाहेक पनि अरू सानातिना काम छँदैछन् तापनि मुख्यचाहिँ यिनै हुन्। अरू ससाना बन्दोबस्तका विषयमा यहाँ लेखिएको छैन। अवस्थाको विचारबाट यस्तो कुराको निर्णय हुन सक्छ। पछिपछिका प्रबन्ध र सहायता दिनेबारेमा पनि यहाँ लेखिएको छैन। सो प्रबन्धका दुई मुख्य हाँगा छन्-

१) भत्केका घर, इमारत आदिको जीर्णोद्धार गर्ने।

२) पुराना औ फोहर बस्ती भएका ठाउँमा नयाँ र स्वस्थकर बस्ती उपस्थित गर्ने।

यी कुराका लागि मुख्य गरी दाम, जोश औ देशभक्तिको दरकार छ।

۱۴۶

परिशिष्ट

पहिलो- औषधि पाएका घाइतेको सङ्ख्या।
दोस्रो- बेतार कलबाट आएको खबर।
तेस्रो- भूकम्प पीडितोद्धारक फन्डका दाताको नाम।

पहिलो परिशिष्ट

औषधि पाएका घाइतेको सङ्ख्या

औषधिपट्टिको काम विषय छैटौं भागमा लेखिएकाले यहाँ घाइतेको सङ्ख्या मात्र बेग्लाबेग्लै छुट्टयाई लेख्दछु।

क) राजधानी (चार भञ्ज्याङभित्र)

१) अस्पतालमै भर्ना गरी औषधि गरिएका जवानको फेहरिस्त

अस्पताल	मर्दना	जनाना	बालक	जम्मा	मृत्यु
त्रि-चन्द्र मिलिटरी	५७	५८	२१	१३६	११
वीर (मर्दना)	४०	२२	१०	७२	९
वीर (जनाना)	०	७२	१२	८४	४
पाटन	१०	१४	५	२९	०
भादगाउँ	१२	१८	१०	४०	६
जम्मा	११९	१८४	५८	३६१	३०

घाउ

फ्र्याक्चर	गहिरो घाउ	चोटपटक	टिटानस
१३०	९३	१२४	१४

२) अस्पतालमा औषधि गर्न आएका जवानको सङ्ख्या

मिलिटरी	वीर (मर्दना)	वीर (जनाना)	पाटन	भादगाउँ	जम्मा
४,१९७	१,११७	४२०	४६३	२,११२	८,३०९

३) **टेम्पोररी अस्पतालमा औषधि भएको**

ठाउँ	मर्दना	जनाना	बालक	जम्मा
लुभु-सानागाउँ	२००	१८४	१०	३९४
पाँगा	१५२	८४	३३	२६९
बुङमती-खोकना	३२२	२५७	२७४	८५३
किसिपिँडी	१४	२६	१६	५६
जम्मा	६८८	५५१	३३३	१,५७२

४) **डाक्टरहरूका हातबाट प्रथम चिकित्सा भएको**

ठाउँ	सङ्ख्या
काठमाडौं सहर	२२८
पाटन	१३१
भादगाउँ	८२२
पुलचोक	९
फर्पिङ	११
धर्मथली	५२
ठेचो	३०
हरिसिद्धि	१०६
चाँगु	१५
लुभु-सानागाउँ	२३
बुङमती	१३
जम्मा	१,४४०

५) **पल्टनियाँ कम्पाउन्डरहरूबाट प्रथम चिकित्सा भएको**

ठाउँ	सङ्ख्या
सानागाउँ-चापागाउँ-खोकना	५७८
फर्पिङ	२८

चोरपुर-गुन्डु	२७
बोडे-कटुञ्जे	१५०
नैकाप-बलम्बु	४१
पल्चारी-बोसन	४३
बलम्बु-दहचोक	४०
हरिसिद्धि-गोदावरी	५८
हाँडीगाउँ	३८
टोखेल-मच्छेगाउँ-बोसीगाउँ	७०
बौद्ध-साँखु	७५
सुनागुठी	९७
	जम्मा १,२४५

६) **आयुर्वेदिक (वैद्यको) औषधि भएको**

ठाउँ	सङ्ख्या
आयुर्वेदीय औषधालयमा	३०९
पाटन	१,१५६
ठैब-बाँडेगाउँ	८४
बुङमती	३९
खोकना	३८
सानागाउँ	४९
नैकाप-बलम्बु	४४
काठमाडौं सहर	३९०
भादगाउँ	५७
चापागाउँ	२२
जावलाखेल	१९
हरिसिद्धि	४१
कोटेश्वर-भैमाल-चाभेल	२७

दहचोक	१४
फाटफुटे	३३१
युनानी हाकिमबाट ठाउँ-ठाउँमा औषधि भएको	३०६
जम्मा	२,९२६

७) भूकम्प सेवकहरूबाट औषधि भएको

भूकम्प सेवा	१,०२३	(औषधि गर्ने सर्जाम सरकारले पनि दिएको थियो।)
महाराजा सर्भेन्ट सोसाइटी	८८६	
जम्मा	१,९०९	

८) भूकम्प सेवकले मूल अस्पतालमा ल्याएका कडा घाइते

ठाउँ	ल्याइएकाको सङ्ख्या	आउन मन्जुर नगर्नेको सङ्ख्या
नरदेवीको वरपर	१०	०
बलम्बु-सतङ्गल-किसिपिँडी	५	६
हरिसिद्धि-बाँडेगाउँ	०	५
लुभु-सानागाउँ	११	२
ठेचो	१	०
पाटन सहर	७	१०
ठिमी-नकदेश	७	२
जम्मा	४१	२५

ख) मधेसतर्फको संख्या

ठाउँ	अस्पतालमा भर्ना नभएका	अस्पतालमा भर्ना भएका	जरुरत खर्चका लागि निकासा भएको
वीरगञ्ज अस्पताल	६६	१	२००
कटहरवन	१	०	२००
झापा	४	०	१००
जलेश्वर	४	०	२००
विराटनगर	२	७	१००
रङ्गेली	२	०	१००
सर्लाही	८२	०	२००
धरान बजार	५०	०	०
जम्मा	२११	८	१,१००

अस्पतालमा भर्ना भएका र नभएका गरी जम्मा २१९

(अरू पश्चिमका अस्पतालमा पनि निकासा भएको थियो, परन्तु त्यसतर्फ विशेष नोक्सान नभएकाले खर्चको आवश्यकता उठेन।

ग) पहाडतर्फ

ठाउँ	सङ्ख्या
धनकुटा अस्पताल	९
भीमफेदी	५
ओखलढुङ्गा (पूर्व ३ नं. औषधालय)	२००
धनकुटा औषधालय	७
तह्रौं बन्दीपुर (पश्चिम ३ नं) औषधालय	२
बनेपा (पूर्व १ नं) मा खडा गरेको टेम्पोररी अस्पताल	१५३
जम्मा	३७६

२) **सदरबाट गएका कम्पाउन्डरले गरेको**

चिसापानी (ओखरगाउँ-पालुङ)	२०
चौकोट पूर्व १ नं	१९
धुलिखेल पूर्व १ नं. (खड्पुसम्म)	१७
रामेछाप पूर्व २ नं	२४
जोनपुर पश्चिम १ नं. (डँडुवासम्म)	५७
कुलेखानी (चित्लाङ-कुलेखानी)	५८
नाला पूर्व १ नं. (नाला-बकलनाथ)	२५
पनौती पूर्व १ नं. (बौडोल-पनौती)	१७
धुनीबेंसी-देउराली	५३
जम्मा	२९०
कुल जम्मा	६६६

दोस्रो परिशिष्ट

बेतार कलबाट आएको खबर

भूकम्पपछि बाहिर देशको पहिलो खबर बेतार कलबाट माघ ७ गते पाइयो। सो र माघ ८ गते उप्रान्त भूकम्प विषयको कुनै कुनै बेतारको खबर यहाँ लेखिन्छ। त्यसबाट यहाँको खबर बाहिरपट्टि कति पछि पुगेछ विचार गर्न सकिन्छ। माघ ११ गते मात्र एक किसिमको स्पष्ट खबर पुगेको देखिन्छ। तार, टेलिफोन, चिठीपत्र बन्द भएको समयमा बेतार कलहरूले अमूल्य सेवा दिए। परन्तु यहाँ बेतार खबर पठाउने यन्त्र नभएकाले यहाँको खबर चाँडै दिन नसकिएको हो।

१९९० माघ ७ गते (कलकत्ता)- "भूकम्प विषयको नेपालको पहिलो खबर आज मात्र आइपुग्यो। यो खबर कलकत्तामा रहेका एक नेपाली अफिसरले नेपालका महाराजकहाँबाट हेलियोग्राफद्वारा पाएका हुन्। यो गत महाभूकम्पबाट नेपालमा पनि धेरै हानि गरायो होला भनी धेरैले डर मानेका थिए। सो साँच्चिकै हुन गएको बुझिन्छ, तर सो खबरमा "भूकम्पको जोड बहुतै कडा थियो, काठमाडौं राजधानी खाल्डोमा धेरै घर र ज्यानको नोक्सान भएको छ" भन्ने मात्र लेखिएको रहेछ। तसर्थ नोक्सानको पूरा हालत र बयान नआएसम्म नेपालको हालत विषयमा धेरै धन्दा फिक्री रहिरहनेछ।"

१०९० माघ ८ गते (कलकत्ता)- "भूकम्पले गर्दा नेपालमा धेरै ज्यानको नोक्सान पर्न गयो औ अङ्ग्रेज-राज्यमन्त्री बस्ने घरसमेत बिग्रियो भन्ने हल्ला गोरखपुरमा गर्दछन्। नेपालका महाराज वनबासामा क्याम्प

गरी राज भएको छ। आज १२५ कोस पर एक भूकम्प गएको यहाँको भूकम्पयन्त्रले टिप्यो।"

१९९० माघ १० गते (कलकत्ता)- "यहाँको भूकम्पयन्त्रले दिनको करिब ३ बजे ५ सय कोस परको एक भूकम्प जाहेर गऱ्यो। बिहार-उडिसाको गभर्मेन्टको जिकिरअनुसार युपी गभर्मेन्टले बिहार-उडिसाका भूकम्पपीडित जनताका लागि ५,५०० कम्बल पठाउने विचार गरेका छन्। लखनउको एक साहुले पीडितोद्धारको काममा ५ सय कम्बल सुम्पे। जमालपुरको रेलको कारखानामा पहिले जाहेर गरेजतिको नोक्सान परेको बुझियो। अहिलेसम्म करिब ६,५०० मानिसले काम गर्न थालिसके।"

१९९० माघ ११ (कलकत्ता)- "नेपालमा पहिले अञ्जाम गरेको भन्दा कमै नोक्सान भएको खबर नेपाल सरकारको एक अफिसरबाट थाहा भयो। सो खबरपछि आएको तारबाट काठमाडौं, पाटन र भादगाउँ यी तीन सहरमा धेरै ठूलो नोक्सान पऱ्यो औ हजारौं लाश घरका थुप्रोमुनि परिरहेका छन् भन्ने खबर आयो। भूकम्पको समयमा नेपालका महाराजको सवारी पश्चिम मधेसतर्फ थियो। भूकम्पको खबर पाउनासाथ तुरुन्तै राजधानीतर्फ सवारी फिर्ने मनसाय भयो, परन्तु रेलका लाइनहरू टुटेकाले हुन पाएन। सायद अहिलेसम्ममा सवारी नेपालतर्फ भइसक्यो होला। राजधानीबाट उहाँ राज भएको ठाउँ धेरै टाढा भएकाले पीडित जनताको दुःख घटाउनका खातिर आफ्नो शिक्षा दिई मानिस राजधानीतर्फ पठाइबक्स्यो। महाराजाधिराजको दरबार भत्कँदा उहाँका दुई छोरी औ ५/६ सुसारेको मृत्यु भयो। महाराजकी एक नातिनी पनि मरिन्। मेजर हस्तशमशेरकी रानी घरले थिचिई मरिन् र बहुत कष्ट साथ घरको थुप्रोबाट निजको लाश उतारे। पुराना इमारतहरू धेरै बिग्रे। रक्सौलको मोटरको बाटो र टेलिफोनको लाइनमा पनि नोक्सान पर्न गयो।

भारतको भूकम्पपीडित जग्गाहरूको उद्धारका लागि 'रिलिफ फन्ड' खोल्न हिजो यहाँ (कोलकाता) को मजलिस घरमा एक सभा उपस्थित भयो। दाम

र कपडा पठाउनलाई एक कमिटीसमेत खडा गरे। यो सभाका सभापति कलकत्ताका मेयर थिए।"

१९९० माघ १४ गते (कलकत्ता)- "भारतको भूकम्प पीडितोद्धारको खातिर 'भ्वाइसराय रिलिफ फन्ड' खोलियो। बेलायतमा पनि यस्तो फन्ड लन्डनका मेयरले खोले। 'मारवाडी रिलिफ सोसाइटी' मा श्रीयुक्त बिडलाले रु. २०,००० समर्पण गरे।"

१९९० माघ १६ गते (कलकत्ता)- "मेक्सिको (पश्चिम अमेरिका) देशको बीच र दक्षिण भागमा ठूलो भूकम्पको मार पर्न गयो। धनजनको धेरै नोक्सान भएको र करिब १ लाख घर भत्केको खबर छ। हिजो रातिदेखि पटनामा अटुट वर्षा भइरहेको छ, जनतालाई धेरै दुःख पर्न गएको छ। मजफ्फरपुरमा पनि यस्तै पानी परेकाले भूकम्पले बिगारेका घरहरूमा पनि ओतका लागि बास बसे।"

१९९० माघ १८ गते (कलकत्ता)- "तल लेखिएबमोजिमका कम्पहरू सिस्मोग्राफले जाहेर गऱ्यो-

१) रातको २ बजे कलकत्ताबाट करिब ५,००० कोस पर

२) रातको ५ बजे कलकत्ताबाट करिब १०० कोस पर।

बिहार प्रान्तका भूकम्पपीडितका लागि रिलिफ फन्ड खोल्ने बखतमा लन्डनका मेयरले एक सभा गरेका थिए। प्रख्यात सज्जन धेरै त्यो सभामा उपस्थित थिए। फेरि केही दिनपछि अर्को यस्तो सभा गर्ने विचार गरेका छन् भन्ने बेलायतको खबर छ।"

यी माथिका खबर त्रि-चन्द्र कलेजको बेतार कलबाट प्रो. आशुतोष सेनले टिपेका हुन्। बाहिरपट्टिको केही खबर नआउने बखतमा यी माथिका खबरउपर कस्तो चाह भएथ्यो, विचार गर्न सकिन्छ। यी माथिका कुरा बाहेक अरू खबर पनि थिए। भूकम्पको सरोकार नभएकाले मात्र यहाँ उल्था नगरिएको हो।

तेस्रो परिशिष्ट

"भूकम्प पीडितोद्धारक फन्ड" मा चन्दा दिने दाताको नाम

१९९० साल फागुन १८ गतेका दिन नेपालमा "भूकम्प पीडितोद्धारक फन्ड" खोलियो। १९९१ साल फागुनसम्म मो.रु. १०,७५,१०४।६५, नोट रु. २४,८०० र कं.रु. १,४७२ जम्मा भयो।

	मो.रु.	नो.रु.	कं.रु.
नेपालबाट	१०,५३,९२५	३,१००	१,१९५
हिन्दुस्थानबाट	२०,९७९।६५	१०,२७०	१३९
बेलायतबाट	२००	२,५७५	१२३
जापानबाट	×	८,८५५	१५
अरू देशबाट	×	×	×

दाताहरूको नाम तल लेखिएको छ-

नेपाल

ओजस्वी राजन्य प्रज्वल नेपाल तारा अति प्रबल गोरखा दक्षिण बाहु पृथुलाधीश श्रीश्रीश्री महाराज जुद्धशमशेर जङ्गबहादुदर राणा ग्राहद् न्का द् ला लेजियो द् अनेयर, जी.सी. सान्ति मरिजिओ ए लाज्जारो जी.सी.आइ.ई. यितेङ पावटिङ सुन चियान् लुचुयां स्याङच्याङ अनरेरी लेफ्टिनेन्ट जनरल ब्रिटिस आर्मी अनरेरी कर्णेल अफ अल दी गोरखा राइफल रेजिमेन्ट्स इन्डियन आर्मी प्राइममिनिस्टर एन्ड सुप्रिम कमान्डर इनचिफबाट	मो.रु. ३,००,०००
मौसुफका श्री ३ बडामहारानीबाट	मो.रु. १,००,०००
श्री ३ बहामहारानी सीताभवनबाट	मो.रु. १५,०००
श्री सुप्रदीप्त मान्यवर कमान्डर इन चिफ जनरह पद्मशमशेर जबरा राजा जी.बी.ई., के.सी.आई.ई.बाट	मो.रु. २५,०००
श्री प.क.ज. बाट	मो.रु. ५१,०००
श्री प.क.ज. का रानीबाट	मो.रु. २५,०००
श्री प.क.ज. का कान्छी छोरी मैयाबाट	मो.रु. ४,०००
बाँशिका रानीबाट	मो.रु. ४,०००
पाटनका छोटी रानीबाट	मो.रु. ४,०००
सामोदका रानीबाट	मो.रु. ४,०००
वरखारीका नेपाली महारानीबाट	मो.रु. ४,०००
खजुर गाउँका नेपाली बहुरानीबाट	मो.रु. ४,०००

श्री सुप्रदीप्त मान्यवर पु.क.ज. बबरशमशेर जबरा जी.बी.ई, के.सी.एस.आई., के.सी.आई.ई. अनरेरी कर्णेल ब्रिटिस आर्मी नेपाल प्रताप बर्धक परिवार समेतबाट	मो.रु. १,००,०००
श्री सुप्रदीप्त मान्यवर प्रसिद्ध प्रबल गोरखा दक्षिण बाहु द.क.ज. केशरसमशेर जङ्गबहादुर राणा ग्राहद अफिसीय द ला लेजियो द अनेयर के.बी.ई. र श्री ५ जेठा शाहज्यादी समेतबाट	मो.रु. १,००,०००
श्री सुप्रदीप्त मान्यवर जनरल सिंहशमशेर जङ्गबहादुर राणाबाट मो.रु. ७०,००० र श्री ५ माहिला शाहज्यादीबाट मो.रु. ३०,००० जम्मा	मो.रु. १,००,०००
श्री लेज कृष्णशमशेर जङ्गबहादुर राणाबाट मो.रु. ६०,००० र श्री ५ कान्छा शाहज्यादीबाट मो.रु. ३०,००० र मैया छत्रराजेश्वरी देवीबाट मो.रु. १०,००० जम्मा	मो.रु. १०,०००
श्री लेज शङ्करशमशेर जङ्गबहादुर राणा र मजकुरका रानीसमेतबाट	मो.रु. १,००,०००
श्री प.क.ज.का दिदीज्यू बझाङी महारानीबाट	मो.रु. ५,०००
श्री मान्यवर प्रसिद्ध प्रबल गोरखा दक्षिणबाहु गुरुराज हेमराज पण्डितज्यू सी.आइ.ई.बाट	मो.रु. ४,०००
प्रदीप्त मान्यवर प्रबल गोरखा दक्षिणबाहु बडाकाजी मरीचिमानसिंह सी.आइ.ई.	मो.रु. १,०००
गुरु पुरोहित भुवनेश्वरप्रसाद उपाध्याय तानसेन	नो.रु. ४००
काजी रत्नमान, सुब्बा गुन्जमान र खरिदार तीर्थमान	मो.रु. १,०१०
सरदार माणिकलाल राजभण्डारी पाटन कालखु	मो.रु. १७५
सरदार उमादेव पन्त कमलपोखरी	मो.रु. २००

सरदार उमादेव पन्तकी ब्राह्मणी	मो.रु. १००
मीर सुब्बा पशुपतिभक्त पन्त गैरीधारा	मो.रु. १००
मीर सुब्बा भक्तलाल राजभण्डारी पाटन कालखु	मो.रु. १२५
खरिदार सूर्यलाल राजभण्डारी ऐ	मो.रु. ३५
मुखिया पुरुषोत्तमलाल राजभण्डारी ऐ	मो.रु. २४
खरिदा गुह्यकालीभक्त पन्त गैरीधारा	मो.रु. २५
पण्डित पद्मनाथ पन्त भुरुङखेल	मो.रु. २५
राणामोदजङ्ग उदयपुर	नो.रु. १,०००
सुब्बा नरजङ, शेरजङ, दीर्घजङ गुरुङ बुटौल	नो.रु. ८००
श्री बाबुसाहेब मसुरीशमशेर जङ्गबहादुर राणा	कं.रु. ३००
श्री बाबुसाहेब नरेन्द्रशमशेर जङ्गबहादुर रणा	कं.रु. २९५
श्री बाबुसाहेब बहादुरशमशेर जबरा	कं.रु. ३००
श्री बाबुसाहेब जगतशमशेर जबरा	कं.रु. ३००
चर्खा प्रचारक तुलसीमेहर	मो.रु. ५
क.क. गङ्गाबहादुर बस्नेत क्षत्री क्षेत्रपाटी	मो.रु. ५००
क.प. यज्ञबहादुर ऐ ऐ	मो.रु. २५
राजा जयपृथ्वीबहादुर सिंह	नो.रु. ६००
क.क. चन्द्रजङ्ग थापा क्षत्री	मो.रु. २००
जीवनाथ श्रेष्ठ काबहाल पाटन	मो.रु. ५
श्री ३ स्वर्गीय महाराज चन्द्रशमशेर जबराका द्वारे सलिफाका इच्छाबमोजिम	मो.रु. १,०००
खरिदार बाबुराम उपाध्याय सिनामङ्गल	मो.रु. ५
क.क. कीर्तिमान खत्री क्षत्री ज्ञानेश्वर	मो.रु. ५०

श्री क.प. बालकृष्णशमशेर जबरा	मो.रु. १००
ख. चन्द्रलाल राजभण्डारी पाटन कालखु	मो.रु. ३०
सरदार बहादुर टिकुसिंह थापामार्फत राँचीका जिएएपीका नेपाली जनताबाट	नो.रु. ३००
क.प. मुकुन्दबहादुर बस्नेत क्षेत्रपाटी	मो.रु. ५०
मे.क. नरमर्दन थापा पकनाजोल	मो.रु. २७
जम्मा	मो.रु. १०,५३,८२५ कं.रु. १,१९५ नो.रु. ३,१००

हिन्दुस्थान

राजा पशुपतिप्रताप सिंह बाँशी	नो.रु. ५,०००
राजा राव उदयसिंह पाटन	नो.रु. १,५००
रावलजी सङ्ग्रामसिंह सामोद	नो.रु. १,५००
गणपतलाल हैदरावाद	कं.रु. ५०
दी एन्ट बान्डेक्स	कं.रु. ८१
इन्द्रप्रस्थ सेवामण्डली	कं.रु. ५ नो.रु. २४५
गुलाब कम्पनी, कराँची	नो.रु. १,०००
युपीका डेपुटी कलेक्टर दुर्गाप्रसाद गाजीपुर	नो.रु. १००
साहु हजारीमल माडवारी काठमाडौं मखनटोल	मो.रु. ५,००१
देवीराम माडवारी	मो.रु. ५१
साहु हजारीमल माडवारीकी विधवा बुहारी मखनटोल	मो.रु. १,००१
देवलराम माडवारी	मो.रु. ४५

मनीराम माडवारी	मो.रु. ४१
सुरजप्रसाद माडवारी	मो.रु. ४१
साहु हरिदुखारी माडवारी	मो.रु. ३५
शिवधारीमन माडवारी	मो.रु. ३१
हजाराम माडवारी	मो.रु. ३१
घासीराम माडवारी	मो.रु. २१
रामचन्द्र माडवारी	मो.रु. २५
साहु टुइराम माडावारी	मो.रु. १५१
साहु रामरत्न माडवारी इन्द्रचोक	मो.रु. २०१
साहु चुन्नीलाल सागरमल मडवारी मखन	मो.रु. १५१
साहु नारायणदास माडवारी इन्द्रचोक	मो.रु. १५१
साहु चीमनराम माडवारी भेडासिङ	मो.रु. २१
साहु जमुनाघर माडवारी इन्द्रचोक	मो.रु. २१
साहु महावीरकी स्वास्नी माडवार्नी भेडासिंह	मो.रु. ५०१
साहु पूर्णमल माडवारी ऐ	मो.रु. ५०१
साहु नागरमल माडवारी इन्द्रचोक	मो.रु. १५१
साहु घनश्यामदास माडवारी ऐ	मो.रु. १०१
साहु राधाकृष्ण रामजीवन माडवारी मखन	मो.रु. १०१
साह सूर्यमल माडवारी डिल्लीबजार	मो.रु. २१
पं रामजीलाल माडवारी इन्द्रचोक	मो.रु. २१
गिरिधारीलाल माडवारी ऐ	मो.रु. ५१
साहु विश्वनाथ माडवारी भेडासिंह	मो.रु. ५०१

साहु रामेश्वर माडवारी	मो.रु. ३०१
साहु हरिनारायण माडवारी इन्द्रचोक	मो.रु. २,५०१
साहु रामकरनदास केदारनाथ माडवारी भेडासिङ	मो.रु. २,१०१
साहु जमुनाघर माडवारी इन्द्रचोक	मो.रु. २०१
साहु नत्थुमल माडवारी इन्द्रचोक	मो.रु. २०१
साहु कुसालीराम माडवारी ऐ	मो.रु. १५१
साहु मुखराम माडवारी ऐ	मो.रु. २०१
मुसरसा बगाराम कलवार मखनटोल	मो.रु. २५१
साहु मेगराज प्यारेलाल माडवारी भेडासिंह	मो.रु. ५१
गीगराम माडवारी ब्राह्मण इन्द्रचोक	मो.रु. २१
श्री पशुपतिनाथका पुजारी रावल सुब्रह्मण्य शास्त्री भट्ट	मो.रु. ५८४०
ऐ का पुजारी विठल शास्त्री भट्ट	मो.रु. ५
ऐ का पुजारी नारायण शास्त्री भट्ट	मो.रु. १०
वासुकी नारायणका पुजारी बीडीके नारायण शास्त्री भट्ट	मो.रु. २५
साहु बलदेवदास हनुमानप्रसाद माडवारी इन्द्रचोक	मो.रु. १,१०१
साहु जुगलकिशोर, कालुराम माडवारी ऐ	मो.रु. ३०१
साहु विश्वेश्वरलाल माडवारी मखनटोल	मो.रु. २१
साहु जगतराम माडवारी ऐ	मो.रु. २१
साहु ऋषिराम माडवारी इन्द्रचोक	मो.रु. २१
साहु भुरामल माडवारी ऐ	मो.रु. १०१

साहु कष्णनारायण माडवारी ऐ	मो.रु. ३५१
साहु बृजलाल माडवारी ऐ	मो.रु. ३५१
अब्दुल रजाकमियाँ क्षेत्रपाटी	मो.रु. २५
ठाकुरराम महावीरप्रसाद कलवार इन्द्रचोक	मो.रु. २०१
साहु रामफल ज्ञानिराम इन्द्रचोक	मो.रु. २२५
साहु खुबलाल रामकानु ऐ	मो.रु. ३१
इन्डियन कपर कर्पोरेसन लिमिटेड सिङ्गभुम	नो.रु. ३, कं.रु. ८२५
जस्टिस एससी मल्लिक, जज हाइकोर्ट कलकत्ता	नो.रु. १००
साहु विष्णु शाह गोपालराम कलवार इन्द्रचोक	मो.रु. २२५
मास्टर मृत्युञ्जयसेन जावलाखेल	मो.रु. २५
प्रोफेसर सुधीरकुमार चौधरी त्रि-चन्द्र कलेज	मो.रु. २५
प्रोफेसर आशुतोष गाङ्गुली ऐ	मो.रु. २५
ख. विष्णुलाल बिहारीलाल	मो.रु. ५०
साहु श्रीकृष्ण अम्बरलाल माडवारी इन्द्रचोक	मो.रु. ४०१
साहु बक्सीराम नरसिंहदास माडवारी इन्द्रचोक	मो.रु. ३५१
साहु परशुराम मखनलाल माडवारी ऐ	मो.रु. २०१
साहु भोलाको छोरा शङ्कर माडवारी ऐ	मो.रु. १,१०१
साहु रामानन्द माडवारी ऐ	मो.रु. २५
साहु राजालाल कलवार मखन	मो.रु. १२५
फुलचंसा, बाबुराम कलवार ऐ	मो.रु. २५१
सीताराम हरिराम कानु ऐ	मो.रु. १२५

साहु कालुराम रघुनाथ माडवारी ऐ	मो.रु. १२५
ध्वरिदतप्रसाद अवधकिशोर कलवार ऐ	मो.रु. २१
जम्मा	मो.रु. २०,९७७६५ कं.रु. १३९ नो.रु. १०,२७०

बेलायत

ब्रिटिस एन्भ्वाय ले.क.सी.टी. डाक्स सी.आई.	नो.रु. ५००
ब्रिटिस काउन्सिल जनलर मिस्टर प्राइस क्यान्टन	नो.रु. ५०
रिक्रुटिङ अफिसर मान्यवर कर्णेल बाइली गोरखपुर	नो.रु. १५०
ले.क.इ.सी. ब्राउन ६ गोर्खा राइफल	कं.रु. १०१
मिस लिली पेन्ट एन्ट ओल्डफिल्ड	कं.रु. १४
मिस्टर एन्ट बम्फोर्ड बनारस	नो.रु. ३६५ कं.रु. २
मिस्टर आर.जी. किल्बर्न	नो.रु. २५०
मिस्टर एन.ई. पेनी बेलायत	पाउन्ड ११
सर जहन क्याम्बेल ऐ	पाउन्ड ३३
मिसेस बिकहाम ऐ	पाउन्ड ११०
मिसेस मदन ऐ	पाउन्ड २
मेजर इ.जे. लुगार्ड ऐ	पाउन्ड ।५
आर.के. ऐ	पाउन्ड २
कर्णेल एल.डब्ल्यु.ई. ऐ	पाउन्ड ११
मिस वी.आर. इभान्स ऐ	पाउन्ड २

मिस्टर र मिसेस एस.एफ. अर्मसवी ऐ	पाउन्ड २५
आमन ऐ	पाउन्ड २१०
एम.ई.एल. ऐ	पाउन्ड २२
ई.एफ. ब्याटेन ऐ	पाउन्ड ११
पङ्गहिल प्यारिस चर्च ऐ	पाउन्ड १०
ले.क.एच.ई. ड्रेकब्राक्म्यान ऐ	पाउन्ड १
मे.ज. निगेल उडियाट ऐ	पाउन्ड ११
मिस्टर हाजलग्यादर ऐ	नो.रु. ४५ कं.रु. ५
मिस्टर डब्ल्यु.एच.जे. बिलकिन्सन, सी.एस.आई. सी.आई.ई. ऐ	मो.रु. २००
मिस्टर अल्फ्रेडवान्ड ऐ	नो.रु. १००
मिस्टर केनेथ किमर ऐ	नो.रु. ३३० कं.रु. १
मिस्टर एनलापौबेट, लन्डन ऐ	नो.रु. ४०
जम्मा	नो.रु. १,८३० पाउन्ड रु. ५५१४ कं.रु. १२३ मो.रु. २०० (पाउन्डको नो.रु. ७४५) जम्मा नो.रु. २,५७५

जापान

हारदा सोसाइटी फर गुड्डिड्स, टोकियो	नो.रु. १,१८० कं.रु. ३
योकोहामा म्युनिसिपलिटी र कटन स्पिनर्स एसोसिएसन	नो.रु. २,३६० कं.रु. ६
तोमोह कम्पनी, ओसाका, जापान	नो.रु. २०
जापानका महाजनहरू र विद्यालयबाट कलकत्तामा रहेका जापानी कन्सल जनरलद्वारा आएको	नो.रु. २,२९५ कं.रु. ५
जापान चेम्बर अफ कमर्स एन्ड इन्डस्ट्री, इन्डो-जापानिज एसोसिएसन, इस्टर्न कल्चरल सोसाइटी एन्ड बुद्धिस्ट युनियनबाट आएको	नो.रु. ३,०००
जम्मा	नो.रु. ८,८५५ कं.रु. १५

(१९८० सालको जापानको 'भूकम्प रिलिफ फन्ड' मा हाम्रो देशबाट करिब रु. ५,००० चन्दा गएको थियो ।)

चौथो परिशिष्ट

भूकम्प सेवक

तिनीहरूको प्रशंसनीय निस्वार्थी कामको छोटो वर्णन सातौं भागमा केही लेखिसकेको छु । सो दुःखमय बखतमा मेरो सञ्चालकित्वमा बसी दुःखीहरूको राम्रो सेवा टहल गर्नेहरूको नाम तल लेख्दछुः

गोदवा हेमा रुद्रराज पाण्डे एम.ए. प्रो खडानन्द शर्मा एम.एस्सी.

पण्डित प्रेमराज	सिद्धिचरण
शेषराज	जगदीशप्रसाद
देवीविक्रम राणा	शाम्वदेव
अनन्तचन्द्र	दिग्विजयराज
महावीरप्रसाद	कृष्णप्रसाद श्रेष्ठ
वीरेन्द्रप्रसाद शाह	गङ्गाविक्रम
चूडाप्रसाद	गोकुलकृष्ण
वसन्तबहादुर	रामप्रसाद तन्डुकार
पूर्णबहादुर श्रेष्ठ	जीवनाथ लोहनी
मा. ईश्वरीप्रसाद	हिरण्यभक्त
यज्ञप्रसाद शाह	अम्बिकाप्रसाद
पुस्करनाथ	यज्ञप्रसाद घिमिरे
गोपालजी	तीर्थराज
विष्णुदेव	गद्दीराम

टङ्कविलास	सिद्धिलाल
प्रेमप्रसाद तन्डुकार	क मुक्तिनाथ
मा चन्द्रलाल	वसन्तलाल
दिव्यदेव	मा. देववीर एमए
गोपाल पाण्डे	मा. चण्डिकालाल
शम्भुप्रसाद	गोदवा पृ नरेन्द्रमणि एम.ए., बि.एस्सी.
केदार विस्ट	मा. खड्गमान
गोवर्द्धनलाल	मा. मोहनध्वज
कृष्णप्रसाद खत्री	मा. खड्गध्वज
गोविन्दबहादुर	मा. लालबहादुर
गोकुलमान श्रेठ	प्रो. बोधविक्रम एम.ए.
प्रो आशुतोष सेन एमएस्सी	मुकुन्दनाथ
प्रो आशुतोष गाङ्गुली एम.ए., बी.एल.	डिल्लीराम
मा. रुद्रदास	तीर्थनाथ
प्रो. भैरवबहादुर एमए	अमृतप्रसाद
मा. नेत्रनाथ बीए	रामबहादुर थापा
कृष्णगोपाल वैद्य	केशरनरसिं जोशी
गोकुलमान	वृषबहादुर
राधाकृष्ण	जयानन्द
रामशरण	रामलाल
चन्द्रपूर्ण	केदारमान प्रधान
रत्नबहादुर मानन्धर	ज्ञानबहादुर
हेमबहादुर	गोपालमान
श्यामबहादुर	पदमबहादुर
रामप्रसाद श्रेष्ठ	सिद्धिलाल
मित्रनाथ	भवानीप्रसाद

मा. ज्ञानप्रसाद	प्रेमलाल
तुलसीलाल	प्रो नारायणबहादुर एम.ए.
तोत्रराज पाण्डे	मा. पार्थमणि बी.ए.
यज्ञदेव	मा. तुलसीप्रसाद बी.ए.
मा. दुर्गाप्रसाद	गीर्वाणविक्रम
चन्द्रबहादुर बस्नेत	बलरामपाल
रामगोपाल वैद्य	बटुकृष्ण तिवारी
तारानन्द वैद्य	सुवर्णराज
लगतबहादुर	रामप्रसाद अमात्य
नन्दलाल	दुर्गामान प्रधान
रौनकमान	रोहिणीलाल
द्वारिकाबहादुर	दिलराज उप्रेती
लक्ष्मणपाल वैद्य	गोपीमाधव

प्रथम संस्करण प्रकाश भएदेखिको काम

प्रथम संस्करण छापिइसकेपछि भएको कामको केही विवरण यहाँ लेख्दछु।

दुनियाँदारहरूको घरलगायत सरकारी घर देवालयहरूको मर्मत र पुनर्निर्माण भइरहेको छ। तर, अहिलेसम्म राजधानीभित्रका धेरैजसो दुनियाँदारहरूको घरमा बाससम्मको केही न केही ठेगाना लागिसकेकाले पुराना-पुराना देवालय, इमारत र नयाँ सडकहरूपट्टि विशेष काम हुन लागेको छ। देवालय, पाटीपौवाहरू आआफ्ना गुठियारहरूले गुठीको आयस्ताअनुसार मर्मत गर्न लागेका छन्। फेरि कोही मन्दिरमा पहिले बनाउँदा के के गरिएको थियो भन्ने बयानको लेखसमेत पाइएकाले अब बनाउँदा सजिलो हुने भयो। यति मात्र होइन कि सो मन्दिरले आफ्नै पुरानो स्वरूप केही न केही धारण गर्न सक्ने भयो औ लोप भइसकेका

शिल्पविद्याको समेत ज्ञान हुन सक्ने भयो। जस्तो पाटनको महाबौद्धको देवलमा सो देवल १६०८ सालमा बन्दा काममा लगाइएको इँट बनाउने काठको साँचो र अरू बयानसहितको लेख पाइयो।

सो देवलको इँट बहुतै राम्रो देखिन्छ। सो देवल देखेकाहरूलाई त्यसको बयान गर्नुपर्दैन। बरु पाठकहरूलाई चाहा होला भनी ठानी सो लेखमा लेखिएको इँट बनाउने काइदाको बयान यहाँ छोटकरीमा लेख्दछु।

“माटो र बालुवाको आधा-आधा भाग मिलाउनू। माटोको भागमा गिगिचा, हाकुचा, थकुरा, फिफिचा, गुङ्गुचा भन्ने, किसिम-किसिमको माटो बराबर मिलाउनू र चोटा, बुइँगल, अँध्यारो कोठामा राखी हावाले सुकाउनू। सूर्य पाकमा राख्न हुँदैन। मुछेको आधा तौल भएपछि मात्र सुकेको भनी जान्नु। अनि पछि मात्र अग्नि पाक गर्नू। अष्टतामभ भन्ने बुद्धको मूर्ति १३ तलासम्म खप्टचाई छाप्नू। अवाल चाहिने यस्तो हुनुपर्छ।”

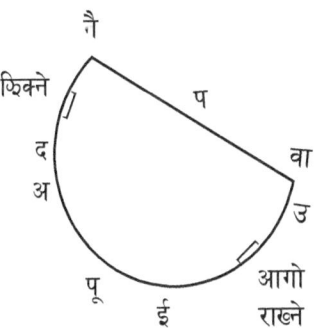

हुनमानढोकादेखि टुँडिखेलसम्म एक नयाँ फराकिलो सडक बन्न लागेको छ र त्यसको दुवैतर्फ सुहाउँदो घर बस्ती पनि बन्न लागेका छन्। सडकमा ढल राख्न आदि बन्दोबस्त भएकाले समय सुहाउँदो सडक बन्ने भएको छ। पहिलेको घना बस्ती भएको ठाउँमा यस्तो नयाँ बस्तीको उत्पन्न हुनु सहरको गौरव बढ्ने कुरा हो। सहर बाहिर अरू

ठाउँ-ठाउँमा पहिलेको सडकलाई फराकिलो पारी पकडन्डी 'फुटपाथ' समेत बन्न लागेका छन्। भक्तपुरमा पनि घर अगाडिका पालीहरू तोडी सडकहरू खुलाएर चौडा बन्न लागेका छन् जसबाट सहर खुला देखिएको छ।

देवल र पुराना-पुराना इमारतहरूको मर्मत र पुनर्निर्माण पनि हुन लागेको छ। तर, त्यसपट्टि विशेष शिल्प कालिगढीको काम भएकाले केही समय लाग्ने कुरा हो। केही केही त तयार पनि भइसके। भादगाउँमा (भक्तपुर) दरबार ५६ झ्याली र सो नजिकको कृष्णको देवल र काठमाडौंमा ढुङ्गाको हात्तीसमेत रानीपोखरी वरिपरिका देवलहरू, हनुमानढोका दरबार तयार भइसके।

घर, दरबारहरू पनि धेरैजसो मर्मत भइसके पनि धेरैजसोमा जगैसम्म भत्काई फेरि बनाइएकाले समय र खर्च पनि धेरै लागेको हो। जावलाखेल दरबार, महाराजगन्जको लक्ष्मीनिवास, भाटभेटनी र पुलचोकका महलहरू पहिलेको भन्दा धेरै फरक गरी बनाइएका छन्। देख्दा थोरै मात्र भत्केका महलहरू पनि ठाउँ-ठाउँमा धेरै कच्चा भएकाले कच्चा भागहरू भत्काई फेरि मर्मत गरिएका छन्। यो खण्डमा बबरमहल, सिंहमहलहरू पर्छन्। थापाथलीको गोल बैठकलगायत अरू पुराना दरबारहरू र अरू भारदारको केही घरसमेत पूरै जगैसम्म तोडी भत्काएका छन्। यसरी भत्केका घरका धनीहरूमध्ये धेरैजसोले नयाँ जग्गामा आफ्नो घरबास बनाएका छन्। यसको परिणाम ठाउँ-ठाउँमा सुहाउँदो घरहरू देखिन्छन्।

भूकम्प पीडितोद्धारक फन्डमा जम्मा मो.रु. १०७५१०४।६५, नो.रु. २५८४५ र कं.रु. १४८६ भएको छ।

राजधानीभित्र भूकम्पमा भत्केका घर बनाउनेहरूका लागि सुफत मोलमा मालसर्जाम पाऊन् भन्नाको खातिर सरकारबाट तपसिलको नयाँ बन्दोबस्त भएको छ।

तपसिल

१) गोदावरी, नागार्जुनसमेतका वनबाट दलिन थान १२,००० सरकारतर्फबाट कटानी भई काठमाडौं, भादगाउँ र पाटनका दुनियाँलाई बिक्री हुने।

२) पहाड टुङ्खर्कका वनबाट ठेकेदारमार्फत काठ दलिन थान १३,००० कटानी भई भादगाउँ ब्रिगेडमार्फत ठेकेदारले नै दिएको दरमा बिक्री हुने।

३) भादगाउँ (भक्तपुर) का डकर्मी, सिकर्मी, बज्रकर्मी र नकर्मीसमेतका कालिगढहरूले ज्याला बढाई लिने गरेकाले सबै कालिगढहरूको कन्ट्रोल लगत गरी ३ खण्डको १ खण्ड कालिगढ सरकारी काममा र २ खण्ड दुनियाँको काममा दरकारअनुसार दुनियाँलाई कन्ट्रोल फाँटबाट खटाई दिन देहायका पैसाका दरले ज्याला दिलाउने औ सोभन्दा घटीबढी ज्याला लिन दिन नपाउने बन्दोबस्त भएको छ।

असामी	सरकारी काम		दुनियाँको काम
	कात्तिक १ गतेदेखि चैत मसान्तसम्म (मो.रु.)	वैशाख १ गतेदेखि आश्विन मसान्तसम्म (मो.रु.)	सबै महिना (मो.रु.)
पहिला नम्बर सिकर्मी	।६०	।७२	।६०
दोस्रा नम्बर ऐ	।४८	।६०	।४८
तेस्रा नम्बर ऐ	।३२	।४८	।३२
पहिला नं. डकर्मी, नकर्मी, बज्रकर्मी, लोहकर्मी	।६०	।६८	।६०
दोस्रा नं. ऐ	।४८	।५६	।४८
तेस्रा नं. ए	।३२	।४४	।३२
पहिला नं. चित्रकार	।६०	।६४	।६०
दोस्रा नं. ऐ	।४८	।५२	।४८
तेस्रा नं. ए	।३२	।४०	।३२

सो नयाँ सडक बन्न लागेको बखत

च्यासिङ देवल (पाटन) मर्मत हुन लागेको

सो सडकमुनि पानीको ढल राख्न लागेको बखत

धरहरा (काठमाडौं) मर्मत हुन लागेको

यसरी कन्ट्रोल लगत गर्ने कामको सुरु भादगाउँ (भक्तपुर) बाट भए पनि अवस्थाको विचार र कामको नतिजाबाट त्यसो गर्नु आवश्यक देखियो ।

भूकम्प गयो कत्रा कत्रा घर कस्ता कस्ता देवल चुर भई भत्के। तर, मानिसको परिश्रमले कति घरहरू उठिसके। मेरो पैसा उसको खल्तीमा र उसको पैसा मेरो खल्तीमा भयो, तर (विदेशी माल-सर्जाम र विदेशी कामदारले लगेको पैसाबाहेक) देशको पैसा देशमा अडियो। यसको असल परिणाम हामीले देख्दैछौं। यो भूकम्पबाट मिलेको एक असल शिक्षा हो।

अब त काम पनि क्रमैसँग हलुको हुँदै आएको छ। अब केही वर्षपछि भूकम्पको घाउ पूरा टालिन जाला कि भन्ने आशा पनि छ। र, सोही दिनलाई चाँडै निमन्त्रणा गर्दै यो कलमलाई यहाँ थाम्दछु।

(वि.सं. १९९२)

काठमाडौं उपत्यका लगायत पूर्वी नेपालमा महाभूकम्पको घटना ✪
र तात्कालिक नव–ग्रहका गतिविधि एक झलक

बि.सं. १९९० माघ २ गते, सोमवार (माघ कृष्ण औंसी) दिउँसो १४।२४ बजे

(on Monday, 15 January 1934 A.D.)

× बु	:	पूर्वास्त	बुध	१९९०।९।९ – १९९०।१०।१० गतेसम्म
शु →	:	वक्री	शुक्र	१९९०।९।२६ – १९९०।११।०६ गतेसम्म
× मं	:	पश्चिमास्त	भौम (मङ्गल/अङ्गार)	१९९०।९।२९ – १९९१।०३।०८ गतेसम्म
(श)	:	स्वगृह	शनि	(मकर : राशि स्वामी, राशि अधिपति)
↑ मं	:	उच्चस्थ ग्रह	भौम (मङ्गल/अङ्गार)	

✪ असह्य खप्की पाएका तात्कालिक भविष्यवक्ता : (न्ह्योखा, तधचोक, काठमाडौं निवासी) ज्यो. छविलाल देवकोटाद्वारा (प्रातःकालमा) ज्योतिष विषयक सबै ग्रन्थहरू जलाएर पासो लगाई आत्महत्या ।

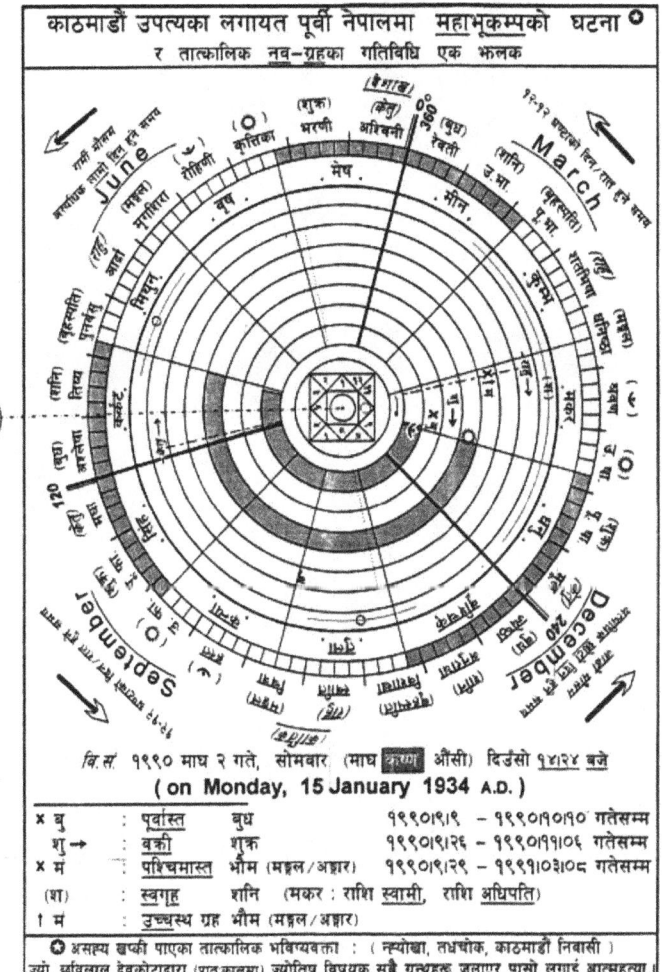

जुद्धशमशेर जङ्गबहादुर राणा

महाभूकम्पको ४ वर्षपछि जुद्धशमशेरले राष्ट्रका नाममा गरेको सम्बोधन

भाइभारदार प्रजावर्ग,

९० सालको भयानक भूकम्पले हाम्रो प्यारो जन्मभूमि नेपालमा ठूलो उत्पात गरेको साढे चार वर्ष भयो। त्यो उत्पातमा असङ्ख्य धन र जनसमेत धेरै नाश हुन गई के ठूला के साना प्रायः सबैलाई ठूलो आपत् आइपरेको थियो। परिआएको दुःख धैर्यबलले सम्हाली हुन सकेसम्मको उपाय गर्नु सङ्कटबाट पार हुने बाटो हुनाले पहिलो अवस्थामा पुरिएका मानिसलाई खनी खोस्री झिक्ने, बचाउने, घाइतेलाई औषधिको प्रबन्ध गर्ने, निराश्रय र निर्वस्त्र भई अलपत्र परेकालाई अन्न, वस्त्र, कम्बल दिने, बस्ने ठाउँ नपाई रहेकालाई पाल्न छाप्रो, टहरो, बाँस, रबर, टिन, पाता इत्यादि पुर्‍याइदिने, पुरिएका धनमाल उकासी भत्केका घरको मानमत्ता रक्षा गरिदिने समेत झटपट हुनुपर्ने, काम पल्टनसमेत लगाई चाहिने कुराको हारगुहार सहायता इत्यादि जेजे काम भएको थियो सबैलाई थाहै छ।

भताभुङ्ग लथालिङ्ग भएका घरबास फेरि खडा गरी सबैले चाँडो विश्राम गर्न पाऊन् भन्नका निम्ति यहाँ चार भन्ज्याङभित्र र पहाड मधेसको समेत जङ्गल खोलिदिई दुनियाँका निम्ति लखन रुपैयाँको काठपात बेदाममा छाडियो। ठाउँ-ठाउँ भट्टा बनाई पोलाएको करोडन इँट, गोदाममा मौज्दात रहेको, हजारन लकडी, देशबाट झिकाएको टिनपाता, किलाकाँटा सरल मोलमा पाउने प्रबन्ध पनि भयो। नेपालमा भएजति कालिगढ पनि पहिले दुनियाँका निम्ति छाडिए। भत्किई बिग्रिई

खण्डहरसरह शून्य उदासलाग्दो भइरहेका सहर गाउँहरूमा ठाउँ-ठाउँ थुप्रिरहेको र सडकको र दुनियाँका नासिएका घरको माटोसमेत भर्ती कुल्ली राखी फ्याँक्न लगाइयो ।

फन्ड खोली दीनहीन, दु:खीलाई त्यसबाट बक्स पाउने बन्दोबस्त पनि हुन गयो । साना-ठूला सबैलाई एकै बाजी त्यस्तो ठूलो भूकम्पको मारबाट उठ्नलाई फन्डबाट मात्र नपुग्ने, थातबासको कुरा हुनाले पर्खिरहन पनि नहुने, दाम नभए सानोतिनो काम पनि टक्कै अड्कने, पुगिसरी आउनेहरूसँग पनि सबैका घरमा नगद मौज्दात नरहने, खोजमेल गरून् भने अर्कालाई पनि उस्तै परिरहेको, ऋण काढ्नतिर लागून् भने स्वार्थी सुदखोरहरू पहिले त्यस्तो अवस्थामा पत्यारै नगर्ने, पत्याइहाले भने पनि ऋणीलाई सङ्कट परेको मौका छोपी बेढव बढी ब्याज घिउ खानी खोज्ने भई दु:खीहरूमाथि दु:ख थपिन जाने भई धेरैजसोलाई आर्थिक सङ्कट पर्न जानाले सोचनीय अवस्थामा रहिरहनुपर्ने भएको देखिँदा तिनीहरूलाई त्यो सङ्कटबाट उकास्ने महलवसरि बिनाब्याजमा चार वर्षको भाखा गरी सापट दिन मो.रु. पचास लाख रुपैयाँ पर सारियो । त्यसमध्ये मो.रु. २९८२३१।६२ सापटीको रूपमा गयो ।

यी सबै प्रबन्ध र मद्दतबाट भूकम्पपीडित सबैले उत्साह बढाई थोरै समयमा नै सुबिस्तैसँग आफ्नो थातबास तयार गरी जहानबच्चा, मालमत्ता थान्को लगाई आनन्दसँग बस्न पाई आफू अरू उद्योगधन्दातिर लाग्न पाए । त्यति मात्र होइन, कसैले त साविक दुईतलेको तीनतले, तीनतलेको चारतले पुराना छाँटकाँटको ठाउँमा नयाँ छाँटकाँटको ठूलो र सुबिस्ताको घर तयार गरेका छन् । देवालय पाटीपौवाहरू पनि धेरै नै बने । यति हुन गएकोले अहिले देख्ने नयाँ मानिसले हेर्दा नेपालमा भूकम्पको मार त्यत्तिको भएको थियो के त भनेजस्तो दृश्य प्रत्यक्षै देखिइरहेछ । यतिसम्म चाँडो हुन सक्नु सानो सन्तोषको कुरा होइन । भूकम्पको त्यत्रो मारमा परेको नेपाल आफ्नै बलले फेरि यति चाँडो खडा

प्रधानमन्त्री जुद्धशमशेर जबरा खरिबोटमुनि उभिएर देशबासीलाई सम्बोधन गर्दै

भयो भन्ने कुरा छापामा छापिएको तिमीहरू सबैले देखे सुनेकै होलाऊ ।

कोहीकोही जङ्गी निजामती जागिरदार रजौटा पुरोहितहरूले तमसुक लेखी संस्थातर्फबाट सापट लिएको रुपैयाँ कसैले आफ्ना जागिरबाट कट्टा गराई कसैले आफ्नै घरघरानाबाट ल्याई बुझाइसकेका छन् । ती जागिरदारमध्ये धेरै अहिले पनि जागिरैमा बहाल छन् तापनि तिनीहरूले सोधभर्ना गर्नलाई आधा पेटमा गुजारा गर्नुपरेको पनि सम्झिराखेकै छु । त्यो दैवी दुर्घटनामा भत्केका घर-पर्खालले मिची अकाल मृत्यु भएकाहरूको आत्माको शान्ति र उद्धारको खातिर आफूले महाकाली किनारामा गरेको सहस्र गोदानको पुण्य अर्पण र सप्ताह लगाउने काम पनि भयो । शास्त्रानुसार तिनीहरूको अवश्य उद्धार हुन गई तिनको परत्र सुध्रन गएको हुनुपर्दछ दुर्गतिको लक्षण पनि कहीं कतै देखिँदैन सुनिँदैन ।

आफ्नो इच्छाले श्रद्धा गरी अर्पण गर्न ल्याएको ्व्य यस काममा

उठेको फन्डमा राखिदिने बन्दोबस्त भएकाले कुल मो.रु. १०७४६१३।७९ नोट कं.रु. २७३३१॥॥३ आएको हो। त्यसमध्ये नानी कमान्डर इन चिफ जनरल पद्मशमशेर जबरा र नानी प.क.ज. मोहनशमशेर जबरा प्रवृत्ति ६ जना (प.क.ज. बबरशमशेर, द.क.ज. केशरशमशेर, ज. सिंहशमशेर, ज. कृष्णशमशेर, ज. शङ्करशमशेर) हाम्रा भतिजाहरूतर्फबाट र सीताभवन महारानी भाउजू औ हामी र हाम्रा बडामहारानीबाट गरी १० लाख ४० हजार मो.रु. जम्मा हुन आयो, विदेशमा रहेका नेपाली र नेपालमा रहेका गुरुपुरोहित भारदार दुनियाँबाट र नेपालमा रहेका विदेशीबाट गरी मो.रु. ३४९१३।७९ नोट कं.रु. ४२९४। चन्दा आएको थियो।

स्नेहले विशेष सहानुभूति प्रकट गरी ब्रिटिस जापानी हिन्दुस्थानी सज्जनहरूले पनि नोट कं.रु. २३०३७।२॥३ पठाएका थिए। सो आएको जम्मै दाम फन्डमा जम्मा हुन गएको छ। यो फन्डबाट यहाँ नेपाल खाल्डा र पहाडका समेत अकिञ्चन दीनदुःखीलाई जिल्ला-जिल्ला गाउँ-गाउँसम्म डोर पठाई अन्न वस्त्र बाँड्ने, बिउ मासिएकालाई बिउ दिने, दुनियाँदारको भत्केको घर, छाप्रो, कटेरा बनाउनलाई दाम दिने, माटो मिल्काइदिने इत्यादि काममा गरी जम्मा मो.रु. ५४४४।६८ नोट कं.रु. ३८४२। खर्च भइसकेको छ।

सोबाहेक भूकम्पले भत्केको बिग्रेका देवदेवालय पाटीपौवाको जीर्णोद्धारको खर्च, भूकम्पोद्धारसम्बन्धी काम गर्नलाई नयाँ थप भएका कामदार कारिन्दाको तलब मसलन्द रेलभाडामा भएको खर्च फन्डतर्फबाट भइरहेको थियो तापनि तिमीहरूलाई मद्दत र सुबिस्ता होओस् भन्ने मनसायले सो खर्च पनि सरकारतर्फबाटै गर्ने बन्दोबस्त मिलाएकाले अब फन्डपट्टि नोट कम्पनीको पनि मोहरै गरी जम्मा मो.रु. ५६०९५६। बाँकी रहने गराई सापटीवाला तिमी दुनियाँहरूलाई पाटीमा सोधभर्ना गरिदिने बन्दोबस्त गरिएको छ।

प्यारा प्रजा हो,

यस्तो दैवी चोट हामीलाई मात्र परिआएको होइन, कालचक्रको हेरफेरले अन्त-अन्त पनि परेको सुनिएकै छ। त्यस्तो परिआउँदा त्यहाँका बासिन्दाले धैर्यधारण गरी दुःखबाट शिक्षा लिई उद्योगधन्दातिर झन् मन बढाई आफ्नो आँत र मेहनतको जोरले ती अघिभन्दा बलिया भई निस्कने गर्दछन्। यही नेपालमा पनि शक्ति सिंहदेवका पालामा भूकम्पको उत्पात भएको थियो भन्ने इतिहासको लेख देखिन्छ। त्यत्तिको टाढाको के कुरा सय वर्ष अगाडि १८९० सालमा पनि यस्तै उत्पातले धेरै धनजन, घर, देवालय, सहरको नास गरेको रहेछ।

त्यसबेला ती भूकम्पले पछारिएका प्रजाहरू केवल आफ्नै आँट र उद्योगका जोडले फेरि उक्सिएका थिए भन्ने पनि बुझिन आउँछ। यी कुराले सदासर्वदा उद्योगमा दत्तचित्त भई प्रजा प्राणीले आफ्नो जीवन सुजीवन बनाउनु र स्वावलम्बी भई आफ्नो देशको उन्नति गर्नु असल मार्ग हो भन्ने देखाइरहेको छ। दैवी विपत् परी हानिनोक्सानी भएमा सो हानिको पूर्तिको लक्ष्य गरी विशेष परिश्रम लगाई उद्योग गर्नतिर नलागे अघिका परिस्थितिसम्म पुग्न पनि गाह्रो हुन्छ। उद्योगधन्दाको ख्याल सुखमा भन्दा दुःखको अवस्थामा हुने गर्छ।

सांसारिक जीवनमा सधैं सुखको दिन मात्र आइरहँदैन। केहिले कस्तै परिआउँदछ। कहिले कस्तै मुलुकमा लडाइँभिडाइको काम परिआयो भने अवस्थाअनुसार जस्तो परिआउँदा सो बेहोरी मिठोमसिनोको ख्याल छाडी स्वास्थ्यलाई हानि नगर्ने रुक्खासुक्खा सादा चीज जो पाइन्छ, त्यो पनि आधा पेट खाएर निर्वाह गरी जुन काम गर्नाले आफ्नो मुलुकको परिस्थिति सप्रने र आफ्नो तरफको भलाइ पनि हुने हुन्छ, त्यतैतिर ती मुलुकका प्रजा लाग्ने गर्छन् जस्तो लडाइँ भिँडाइ। उस्तै देशमा परिआएको दैवी दुर्घटना पनि दैवी लडाइँजस्तो हो। अकस्मात् त्यस्तो

दैवी परिआएपछि घरबास तयारी गरी जहानबच्चाको थान्को लगाउन दत्तचित्त भएझैं तिमीहरूले क्षतिपूर्तितिर जाँगर बढाई उद्योगधन्दामा लागी मितव्ययीको बानी बसाली सकेसम्म चाँडो स्वावलम्बी हुने, धन्दामा पनि दत्तचित्त हुने बेला थियो ।

अवस्थाअनुसार खस्रोधस्रो लगाई रूक्खासुक्खा खाईकन पनि निर्वाह चलाई, सौखिनी फजुल खर्च घटाई, खेतीवालाले अन्नको उब्जा बढाउने, एक बाली हुनेमा २/३ लगाउने र बढी दाम आउने वस्तु पैदा गर्ने, कपडा बुन्नेले बढी कपडा बुनी तयार गरी सो तयार भएका मालको प्रचार बढाउने, गाईवस्तु पाल्नेले त्यसतर्फको उन्नतिमा लाग्ने, व्यापारीले व्यापार बढाउने, शिल्पकार कालिगढहरूले शिल्प र कालिगढी कामतर्फ विशेष यत्न पुऱ्याउने, यस्तै अरू जजसको जुनजुन काम छ उसमा हौसला बढाई परिश्रम साथ उद्योगधन्दातिर लागे त्यसबाट बढी आर्जन गरेको धनले आफ्नो निर्वाह चलाई थोरबहुत जो सकिन्छ साँच्दै जान सकिने भई देशमा उद्योग बढे देशको पैसा देशैमा रहने र अरू तरहबाट आफ्नो भलाई साथसाथै देशको पनि भलाई हुने कुरा जानेबुझेकै होलाऊ, नजान्ने नबुझ्नेले पनि जान्नुबुझ्नु योग्य छ ।

यही मितव्यायी हुने स्वावलम्बी हुने तरफ अर्थात् चाहिँदो बाज्जी मात्र खर्च गर्ने र आफ्नो भरमा आफू उभिन सक्ने सुणतर्फ हाम्रा प्यारा प्रजाको चित्त आकर्षण गर्नखातिर भूकम्पपछि कुनै बेजरुरी देखिएको वस्तु देशदेशान्तरबाट आउनै बन्द गर्ने, कुनै अनावश्यक वस्तुमा भन्सार बढाउने, कुनै आवश्यक वस्तुमा घटाउने गरेको र उद्योगपरिषद स्थापना र स्वदेशी चीजको प्रदर्शनी आदिको प्रबन्ध गरी बाटो देखाउने उपाय पनि भएको हो ।

विचार गर, मुलुकको उन्नति र अवनति त्यहाँका बासिन्दा प्रत्येकको आत्मिक बलको उन्नति र अवनतिसँग सम्बन्ध राख्दछ, उन्नतिको चाहना

कसलाई हुँदैन ? देशकाल अवस्था र आफ्नो हविगत इत्यादि कुराको विचारको ठिक तौल पुऱ्याई उपायतिर लाग्नुपर्छ । टाढासम्म विचारको नजर अगाडि फैलाई, धैर्य र जाँगर दुई हातमा लिई उपाय उद्योगतिर लागेपछि गरेअनुसार अवश्य केही न केही फाइदा नभई रहँदैन । यिनै कुरा मौका परेमा तिमीहरूलाई बराबर सम्झाई बोध गराउने ।

कोसिस गर्दै रहेको हुँ । मुलुकको बहत्तरी प्रजालाई सुख कसरी हुन सक्ला भन्ने ध्यानमा हामी निरन्तर लागिरहेको तिमीहरूले देखेजानेकै होलाऊ । सो सापट गएको रुपैयाँको म्याद पुगेपछि संस्थाको शोधभर्ना आउनुपर्नेमा कतिले बुझाई पनि सके, बुझाउन बाँकी राख्नेलाई अहिले वर्षा र खेतीपातीको काम पर्न गएकाले कात्तिकसम्मको म्याद पनि फेरि थप गरिएको छ । सो म्यादसम्ममा पनि शोध बुझाउन नल्याएको पक्षमा सो सापटको रूपमा गएको रुपैयाँ लिखतबमोजिम धितो लेखिएको घरबाटै उपर गर्ने कुरा तमसुकैमा लेखिएको र आम इस्तिहारसमेत भइराखेको हुनाले त्यही घर पक्री लिलाम गर्न केही बाधा थिएन ।

त्यसो गर्दा भत्केको घर सबैलाई एकैचोटि तयार गर्नुपरेको पर्खेर बिस्तार गर्ने अवसर नभएकाले कालिगढको र अरू ज्यालादारीको महँगीले बढी खर्च पर्न गए पनि आफ्नो थातबास चाँडो जोडी बस्नालाई पुरानो आफ्नो सामानसमेत काम लाग्नेजति काममा लगाई ती घरमा तिनीहरूको धन पनि केही न केही कसैको परेको होला, त्यस्तो घर लिलाम हुन जाँदा तिनीहरूको मन कल्पनातीत कुरा त छँदैछ, लिलाम लिनेले भरसक किफायतैमा हात लाउन खोज्ने भई तिनबाट सुफत मोल नपाइने स्वभावै हुनाले जेनकेन गरी बल्लबल्ल उभ्याएको बासस्थान काम दाममा अर्काको हातमा पर्न जाने भई ती घरवालाहरू फेरि बिनास्थानका हुन जाने छाँट देखिन आयो ।

कोही कोहीले त सोही घर साहूलाई भोगबन्धक दिने गरी कर्जा

लिई शोध बुझाउन ल्याएका छन् भन्ने पनि सुनिन्छ, धितो लेखिए घर सरकारैमा भोगबन्धक राखिने गरी भने पनि दुवैथरीलाई पछिसम्मको टन्टा छुट्ने भएन। फेरि प्रजाको बासको सुख पनि तिनीहरूका हातमा हुने भएन। ब्याङ्कबाट कर्जा मिल्ने प्रबन्ध हुन गएमा पनि ऋणमाथि झन् ब्याज थपिँदै जाने भयो। भाखा पाए तिर्ने थियौं भन्ने यस्तो भनाइ पनि सुनियो।

के चार वर्षको भाखा कम थियो र ? त्यो चार वर्षको ब्याज सयकडा पाँचका दरले मात्र दिनुपरेको भए पनि कति तिनुपर्ने भइसक्ने थियो, आफैं हिसाब गरिहेर। यी सबै कुरा परिस्थिति र ऋणीहरूको अवस्था विचार गरी हेर्दा सरकारको हारगुहारबाट तन, मन, धन लगाई प्रजाले अहिले पाइरहेको विश्रामको सुख सपना जस्तो मात्र हुने भई पहिलो भूकम्पको घाउ परिँदा नपुरिँदा तिनीहरूले फेरि दोस्रो दुःखको अवस्थाको अनुभव गर्नुपर्ने होला भन्ने छाँट देखिन लाग्यो।

हेर, सरकार र दुनियाँको सम्बन्ध बाबुछोराको जस्तै हो, त्यति मात्र होइन, शरीरमा साना ठूला हरेक अङ्ग-प्रत्यङ्ग बेग्लाबेग्लै रहेको छ तापनि ती सबै मिली एक शरीर एक ज्यान बनेको छ। शरीरभर फिजिने ज्ञान शक्तिको मूल कमानी शिरमा रहेको छ। त्यतैबाट शरीरका सारा अवयवको सञ्चालन हुने हुनाले शिरलाई 'उत्तमाङ्ग' भनिन्छ। अङ्ग-प्रत्यङ्गमा जो सुखदुःख पर्दछ, त्यो शिरले र शिरमा जे पर्दछ त्यो अङ्गप्रत्यङ्गले अनुभव गर्दछ उसमा पनि कुनै अङ्गमा चोटपटक लाग्न जाँदा त्यसका साथसाथ अरू अङ्गले पनि केही न केही दुःख अनुभव नगरी रहन्न भन्ने सबै अङ्गसँग सम्बन्ध राख्ने उत्तमाङ्गमा त झन् विशेष मात्रामा असर पुग्न जान्छ भन्ने स्पष्टै छ। जस्तो शरीरको उत्तमाङ्ग शिर उस्तै प्रजाका उत्तमाङग सरकार हुन् अर्थात् राज्यका अङ्गप्रत्यङ्ग प्रजा र उत्तमाङ्ग सरकार बनिरहेका छन्। ती सबै मिली एक शरीर एक जिउ भएको हुन्छ। सरकारलाई परेको

सुख-दुःखमा प्रजाले र प्रजालाई परेको सुख-दुःखमा सरकारले सहानुभूति देखाई सहयोग गर्नु स्वाभाविक हुनुपर्ने कुरा हो।

सरकारलाई पनि प्रजातर्फको फिकर मात्र होइन कि सरकारले खुद बनाउनुपर्ने दरबार, सरकारिया घर, अड्डा, अस्पताल, धरहरा, नयाँ बाटो ठाउँ-ठाउँका पाटीपौवा, पुराना शिल्पस्थान, देवालय इत्यादि जगैदेखि बनाउनुपर्ने, जीर्णोद्धार, कारिन्दाहरूको तलबमसलन्द रेलभाडा बाटा खर्चसमेत गरी सयका लाठी एकको बोझ भनेझैं त्यसतर्फ पनि सरकारलाई बोझ कम परेको छैन, अझ पनि खर्च बराबर हुँदैछ तापनि हार्दिक भावभक्ति राखी सरकारको कल्याण चिताई आफ्ना परिश्रमको जोडले स्वदेशको कल्याणतिर लागिरहेका पुत्रवत् प्रजामा यी विशेष गरी यस्तै ठूलो दुर्घटना परेमा हार्दिक स्नेहसाथ हुन सकेसम्म हारगुहार गरी रक्षा गर्नु सरकारको कर्तव्यै हो, सोहीअनुसार त्यो भयानक भूकम्पमा तिमी प्रजाको उद्धारनिम्ति सकभर गरी अघि यही ठाउँमा 'यस अवस्थामा मैले गर्नुपर्ने गरिरहेको छु अब पनि गरी हुनेसम्म गर्न बाँकी राख्ने छैन' भनेको तिमीहरूले सम्झिराखेकै होलाऊ।

यी सबै कुराको ख्याल साथसाथै संस्थाका ऋणी प्रजाले सो ऋणको खातिर चिन्ता लिइरहेका छन् भन्ने सुनिए बुझिएको र तिनीहरूले ऋण लिएको दाम अकार्थमा लाएको नभई अघि भनेबमोजिम जुन कामका निम्ति लिएको छ सोहीमा लगाएको, सो लगाउँदा भएको खर्चको दाम पनि आफ्नै सहबासी कालिगढ ज्यामी आदि प्रजामा फिजिन गएको समेत सबै कुराको ख्याल राखी यो पटक आफ्ना प्यारा प्रजालाई चिन्ता र सङ्कटबाट पार गराउने उद्देश्यले यो भूकम्प पीडितोद्धारक संस्था तर्फबाट तमसुक गराई सापट गएको २९८२३११६२ मध्ये फन्डको जगेडाबाट भर्ना हुने मो.रु. ५६०९५६ कटाई बाँकी मो.रु. २४२१३६०६२ जम्मै तिमीहरूको सुखशान्तिको खातिर माफी गरिदिएको छु।

कोहीकोही जङ्गी निजामती जागिरदार रजौटापुरोहितहरूले तमसुक लेखी संस्थातर्फबाट सापट लिएको रुपैयाँ कसैले आफ्ना जागिरबाट कट्टा गराई कसैले आफ्नै घरघरानाबाट ल्याई बुझाइसकेका छन्। ती जागिरदारमध्ये धेरै अहिले पनि जागिरैमा बहाल छन् तापनि तिनीहरूले सोधभर्ना गर्नालाई आधा पेटमा गुजारा गर्नुपरेको पनि सम्झिराखेकै छु। घरघर माटाका चुला भनेजस्तो सानालाई सानै, ठूलालाई ठूलै चोट परेको छ। सुख-दुःखको वेदना सबैलाई उही हो।

त्यसो हुनाले तिनीहरूले चार वर्षको भाखामा सोध बुझाउने कबुल गरी तमसुक लेखी संस्थाबाट लिएको सापटी सोध भई आइसकेको भए पनि फिर्ता गरिदिने प्रबन्ध हुनेछ। आजसम्म अरू जुन जुन सज्जनहरूले आफ्नै परिश्रमको कमाइले होस् वा साहु काढेर होस् सोध बुझाउन ल्याएका छन्, तिनलाई पनि यो बुझाएको दाम फिर्ता दिने बन्दोबस्त हुनेछ। ईश्वरमा धर्ममा र सरकारमा अटल रही उद्योग बढाई सुजीवन गराउँदै रहून्।

यो भूकम्पोद्धारसम्बन्धी सुरुदेखि आखिरतक हरेक विषयमा अर्डरबमोजिमको आआफ्ना कामकाममा नानी कम्पाउन्डर इन चिफ पश्चिमतर्फका कम्पाउन्डिङ जनरललगायत हाम्रा भाइछोराबाट र नायब बडागुरुज्यू भाइभारदार अफिसर कर्मचारीबाट औ स्वयंसेवकबाट पनि परिश्रम र तन्देही साथ काम भई चाँडो सन्तोष मिल्ने बाटो बन्न गएकाले पल्टनियाँ जवान र पुलिहरूलाई एक लाख इनाम र विशेष काम गर्नेहरूलाई धन्यवाद नेकीपत्र, मानपत्र, तक्मा समेत बाँडी कृतज्ञता पनि प्रकट गरिसकिएकै छ। ती राम्रो काम गर्नेहरूलाई समाप्तिको यो अवसरमा पनि फेरि धन्यवाद गर्दछु।

www.ingramcontent.com/pod-product-compliance
Lightning Source LLC
Chambersburg PA
CBHW022113040426
42450CB00006B/682
9789937892483